AF268002

Lettres de Léon HARMEL à ses Enfants

VOYAGE A ROME

FÉVRIER 1899

CHAMBÉRY

IMPRIMERIE GÉNÉRALE DE SAVOIE

38-40, Place Caffe, 38-40

1899

Lettres de Léon HARMEL

à ses Enfants.

VOYAGE A ROME

FÉVRIER 1899

1re d'Alexandrie, Mardi 14 Février 1899.

Départ. — Arrêt à Paris et à Turin.

Mes bien-aimés Enfants,

Ce n'est jamais sans une certaine émotion que j'entreprends le voyage de Rome. J'en ai rapporté tant de fois lumière, force et courage.

C'est à Rome que l'orientation de ma vie a été confirmée. C'est là que se sont dissipées les incertitudes qui pouvaient atteindre mon esprit dans les contradictions qui me sont venues de personnes respectées et aimées.

Je suis parti du Val lundi 13 février, avec mon bien-aimé petit-fils Pierre Saucourt, qui représentait la famille auprès de moi.

A Paris, je m'étais entretenu avec mon cher Gabriel Ardant. Il m'a parlé de la situation, comment l'enfer déchaîné a entrepris un assaut formidable contre l'Eglise et contre Jésus-Christ, par conséquent, contre la France. En face de ce déchaînement, un trop grand nombre de nos amis se contentent de paroles, alors que l'heure des actes a sonné.

La franc-maçonnerie, gouvernée par les juifs, soutenue par les protestants, en haine de Rome, alliée aux socialistes et aux anarchistes, a commencé la guerre, non seulement dans les journaux et dans les réunions publiques, mais encore dans la rue, dont elle prétend s'emparer pour imposer son joug odieux à la France.

Hélas ! si notre patrie est jetée dans de telles aventures, si elle parait descendre aux abimes, n'est-ce pas surtout parce que la voix de Léon XIII n'est plus écoutée de ses enfants ? N'obéissant plus à notre Chef, nous sommes divisés entre nous. nous combattons les uns contre les autres et nous sommes piétinés par les sectaires.

C'est pourquoi nos pèlerinages à Rome ont une si grande importance pour l'avenir de notre patrie.

C'est pourquoi moi-même j'ai besoin de retremper mon intelligence à la source de toute vérité et mon cœur à la source de tout dévouement.

Le Pape est sur la terre la présence visible de Jésus. Sa voix est la prolongation de la voix de Jésus. A qui irions-nous ? puisque c'est lui qui a les paroles de vie. c'est lui qui sème la justice et la liberté dans le monde.

*
* *

Je méditais ces pensées. lorsque nous sommes arrivés à Turin. Nous avons trouvé sur le quai une petite troupe de jeunes qui venaient me saluer à mon passage au nom des Démocrates chrétiens de Turin. Parmi eux. le rédacteur du journal démocratique *Il Popolo Italiano,* via Botero, 8.

Nous avons parlé de Dom Albertario, la noble victime des césariens et des esclavagistes. de l'abbé Vercesi, du vaillant Murri. et aussi de la France. du sympathique abbé Lemire, de l'abbé Gayraud. Il a été question des tracasseries faites aux Démocrates chrétiens par les conservateurs. qui. en Italie comme en France. s'obstinent dans l'inintelligence des événements. Ce sont les mêmes qui. en Belgique, ont compromis les catholiques au pouvoir : ils n'ont pas compris que la Démocratie chrétienne était le moyen de s'assurer la sympathie populaire. Franchement. mettons-nous à la place des travailleurs : aurions-nous confiance en des hommes qui semblent avoir peur de favoriser les intérêts populaires. qui redoutent la légitime ascension sociale des petits et des humbles ? Ne sont-ils pas majeurs et capables de faire leurs propres affaires ? Comme eux. nous serions fatigués d'être toujours tenus en tutelle.

A Turin. nos visiteurs ont témoigné le désir d'un Congrès international de la Démocratie chrétienne. à Fribourg par exemple. Nous avons promis d'en conférer avec nos amis en rentrant en France.

Je n'ai pu les quitter sans prendre l'engagement de m'arrêter en revenant de Rome.

Nous partons accompagnés des vœux de nos jeunes amis. A cinq heures et demie. nous descendions à Alexandrie.

Nous avons parcouru les rues et les places envahies par les folies du carnaval. bien douces en réalité. A la cathédrale, le Saint Sacrement était exposé. une grande foule de fidèles, de pénitents et de pénitentes. se préparaient à faire la procession. N'est-ce pas une institution essentiellement démocratique

que celle des pénitents, dont le costume uniforme dissimule les différences sociales, pour réunir tout le monde en une fraternité égalitaire comme l'Eglise seule peut en établir?

Au revoir mes bien-aimés enfants. Bientôt, nous vous écrirons de nouveau.

Nos santés sont excellentes à Pierre et à moi.

Mille embrassements.

Signé : Léon HARMEL.

2e de Rome, Vendredi 17 février 1899.

71e année. — Sœur Thérèse. — Saint-Joachim. — Jardins ouvriers. — Frère Pierre. — Au Vatican. — Colysée. — R. P. d'Alzon. — Sermon de Carême à la Sixtine.

Mes bien-aimés Enfants,

C'est aujourd'hui que j'entre dans ma soixante-et-onzième année. Ma reconnaissance se porte vers mes bien-aimés parents, le bon père si vénérable que vous avez connu, et vers ma sainte mère, celle dont la tendresse m'a fait comprendre l'amour de Dieu. C'est eux qui m'ont mis la foi dans le sang. Puis j'envoie mon souvenir tendrement affectueux à votre mère, à mes enfants et à mes petits-enfants, qui ont commencé à reconstituer la famille dans l'éternité.

Et maintenant, ô mon bien-aimé Maître et Roi Jésus-Christ, tout vous appartient en moi : les forces de ma santé, les énergies de mon âme, les battements de mon cœur.

Si je suis ici, c'est pour accomplir mon devoir de fils tendrement soumis d'esprit et de cœur à Votre Vicaire, à Léon XIII. Il a comblé notre famille d'honneurs et d'affection. Il nous a marqué une véritable prédilection qui nous rendrait doublement coupables si jamais quelqu'un de nous se montrait indocile à la voix de notre Chef. Avec notre famille du ciel, nous demandons instamment à Dieu que tous les membres de notre tribu restent fidèles à la double mission qui nous a été donnée : l'extension du règne de Jésus-Christ par la soumission absolue aux directions du Saint-Siège, et l'émancipation chrétienne des classes populaires par les institutions favorables à leur ascension sociale.

C'est avec une douce émotion que j'ai reçu votre dépêche ainsi conçue : « Vos enfants, unis dans un même sentiment de piété filiale, acclament 70e anniversaire dans la fierté et dans la tendresse et vous souhaitent longue vie. »

*
* *

Venons au récit de notre voyage. Nous sommes arrivés dans la nuit de mercredi à jeudi avec du retard, à une heure du matin, mais vraiment sans fatigue. Notre arrêt d'Alexandrie nous avait bien reposé. Le bon Père Barthélemy nous attendait sur le quai et nous nous sommes rendus en voiture découverte, par une belle nuit étoilée, à la via di Monte Tarpeo, où nous avons trouvé l'affectueuse et familiale réception que vous connaissez.

*
* *

A trois heures de l'après-midi, le fidèle cocher Scolastri vient nous chercher pour nous conduire à Sainte-Marthe. Nous rencontrons Mgr A... sur la place, nous descendons pour le saluer, puis Mgr U.... qui, très aimablement, nous conduit au lazzaretto et cherche lui-même Sœur Thérèse. Celle-ci nous accueille très aimablement et demande des nouvelles de chacun de vous. Nous parlons de notre prochain pèlerinage et des améliorations désirables. La principale serait d'organiser un abat-voix ou tout autre système permettant aux orateurs de se faire entendre dans toute la salle. La Sœur verra son architecte et nous donnera rendez-vous. Elle fait mettre des porte-manteaux tout le long du réfectoire, et des rideaux qui pourront se tirer sans empêcher d'ouvrir les fenêtres.

La Sœur Thérèse est d'avis de favoriser autant que nous le pourrons le logement des pèlerins chez les habitants. Elle pense que c'est une mesure favorable pour donner de la popularité aux pèlerinages. Elle est persuadée qu'il n'y a aucun danger à redouter, pourvu que les logements soient visités et choisis par quelqu'un de sûr. Les Espagnols ont logé, au nombre de 600, dans des chambres particulières, et on n'a eu aucun regret à exprimer. La population reconnaissante les a acclamés. Mgr R... T...., qui voyait quelque inconvénient à ces logements, a été consulté par Mgr T..., et s'est prononcé en faveur de cette mesure, dès lors que les Sœurs s'en occupent elles-mêmes. (Lits très propres, chambres à deux lits et à un, à 1 fr. et 1 fr. 50 le lit.)

*
* *

Nous partons pour Saint-Joachim. Nous rencontrons en route M. l'abbé Vallega et M. l'avocat Mongo auprès des jardins ouvriers (création de Mgr T.... comme nous l'a révélé M. l'abbé). Ces jardins sont tout près du Vatican. Ce sont des emplacements destinés à des constructions que la crise financière ne permet pas d'élever. Un brave homme nous a fait visiter son jardin très soigné. Culture intensive qui donne un rapport considérable relativement à l'espace.

Nous visitons l'église de Saint-Joachim : elle est presque achevée, d'une richesse incomparable, avec des mosaïques magnifiques.

Nous nous rendons chez les Frères de la place d'Espagne (Carissimi). Le Frère Pierre (de Saint-Jean de Maurienne), un de nos meilleurs guides et des plus dévoués, a pris note des desiderata pour le perfectionnement du pèlerinage. Il viendra nous apporter ses renseignements mardi matin. Il insiste surtout au sujet du traité avec les cochers. Ceux-ci se hâtent de parcourir l'itinéraire imprimé qui leur est remis et prétendent être quittes avec les pèlerins. Il faudrait que le traité les obligeât à conserver les pèlerins jusqu'à six ou sept heures du soir, suivant l'heure fixée.

Nous allons chez les Dominicains. Le Père Général est absent : le R. P. Baudouin nous fait, de main de maître, un cours d'histoire contemporaine. Il est extrêmement intéressant. Il constate que le gallicanisme et le libéralisme ont fait, dans ces derniers temps, de véritables progrès parmi les catholiques français. Il déplore vivement l'aberration des hommes de bien qui, en se soustrayant à la soumission due au Souverain Pontife, s'enlèvent à eux-mêmes les moyens de lutter contre la franc-maçonnerie et l'anticléricalisme.

Nous nous transportons au Vatican ; le cardinal R... nous reçoit immédiatement avec la parfaite courtoisie que vous connaissez. Nous parlons des affaires de France. Il nous confirme que le Saint Père est toujours dans les mêmes idées au point de vue social et politique. Il déplore la division des catholiques français, qu'on peut taxer de criminelle dans les circonstances actuelles. Il faut à tout prix l'union : mais celle-ci ne peut exister que dans la soumission au chef de l'Eglise.

Le soir, à neuf heures, nous allons avec deux jeunes Pères à l'embrasement du Colysée. Les feux de Bengale, à deux reprises, ont montré l'immense édifice éclairé de lumières de différentes couleurs. Le spectacle est féerique ; mais il faut avouer qu'on fait attendre trop longtemps, malgré la musique militaire, dont l'harmonie s'accorde mal avec les souvenirs poignants que réveillent dans l'esprit et dans le cœur ces immenses amoncellements de pierre d'où semble sortir une sueur de larmes et de sang.

Vendredi 17 février. — A huit heures et demie, notre fidèle automédon nous attend : nous nous rendons chez ..... Conversation des plus intéressantes sur les instructions du Pape au point de vue politique, sur le mouvement populaire. Le R. P. d'Alzon, fondateur des Assomptionnistes, était un saint, il avait l'intuition de l'avenir. Il dit dans son testament que l'avénement de la Démocratie est proche, il faut s'y préparer *et en prendre la tête pour la rendre chrétienne.* Voilà un conseil qui nous aurait sauvés si on l'avait suivi avec intelligence et avec amour.

Nous allons au Vatican. Nous rencontrons, en montant

les escaliers, les Ministres Généraux des Capucins, des Dominicains et des Franciscains. Nous les saluons tour à tour et leur promettons notre visite. Nous présentons nos respects au cardinal Jacobini et au cardinal Vannutelli. Tout ce monde sortait du sermon de carême prêché par un capucin, en présence du Pape, chaque vendredi de carême.

Après un grand nombre de visites, nous rentrons à une heure pour déjeuner. Nous apprenons la mort subite du Président de la République. Cette nouvelle produit une profonde impression à Rome.

Au revoir, mes chers enfants, mille embrassements.

Signé : Léon HARMEL.

3me de Rome. Dimanche 19 Février 1899.

Evêque américain. — Interview de Mgr Saint-Pierre. — Hérode et Néron, Scribes et Pharisiens. — Pacelli. — Trappistes et la campagne romaine. — Belvédère. — Cardinal Parocchi.

Mes bien-aimés Enfants.

Nous sommes tellement occupés du matin au soir que nous n'avons pas le temps d'écrire, ni même de dicter le compte rendu de nos courses si intéressantes. Nous reprenons la journée du vendredi 17 février après-midi.

Nous allons promener sur le Forum pour causer un peu et nous visitons l'église de Sainte-Françoise Romaine où on vénère l'empreinte des genoux de Saint Pierre.

Monseigneur X.... Américain, nous reçoit à l'hôtel de Bristol où il est descendu. Il se montre très content de me voir. Je lui dis le bien qu'il a fait en France par ses discours à la jeunesse. Il trouve que nous sommes trop timides au point de vue de l'initiative privée. Il y a en France encore un fétichisme de l'autorité qui écrase la personnalité. Il doit aller à Paris à l'occasion de son voyage à Orléans, et il viendra peut-être au Val-des-Bois qu'il désire connaitre.

Le Supérieur des Pères Blancs nous témoigne sa joie de nous revoir : nous causons un peu des choses de France, il nous promet le concours de ses Pères au prochain pèlerinage.

Samedi 18 février. — Visite à Mgr Saint Pierre, dont nous allons baiser le pied de bronze et vénérer les reliques. Voici qu'après quelques instants nous avons interrogé Saint Pierre :

Interview de Mgr Saint Pierre.

Les Pèlerins. — Vous avez bien voulu nous instruire l'an dernier et nous rappeler le caractère démocratique de l'Eglise à ses débuts. le choix de ses apôtres parmi les hommes de travail. les préférences du Sauveur pour les petits. et les premières organisations de l'Eglise pour l'assistance et le relèvement des humbles par les diaconies. Nous venons de nouveau vous saluer. vous écouter. mais il nous semble voir se froncer vos grands sourcils de bronze.

Mgr Saint Pierre. — Eh ! oui. je ne suis pas content de certains de mes enfants. Ils renouvellent les misères que m'ont faites Néron. Hérode. les Pharisiens et les Scribes.

Les Pèlerins. — Comment cela !

Mgr Saint Pierre. — Hérode et Néron étaient jaloux du pouvoir que le Christ. fils de Dieu. m'avait confié. Ils croyaient que je voulais détruire leur autorité. tandis que je ne voulais que l'ennoblir et la purifier en lui donnant pour règle et pour modèle la justice divine. Ils redoutèrent mon influence et me jetèrent tour à tour en prison.

Les Pharisiens idolâtraient leur fortune acquise par l'usure. Mes préférences pour les pauvres les mettaient en rage. et ils approuvaient sournoisement les persécutions de Néron et d'Hérode.

Les Scribes voyaient leur petite science éclipsée par la lumière éblouissante de l'Evangile. et ils préféraient leur lampions fumeux à l'éclat du Soleil divin.

Les Pèlerins. — Mais où sont donc aujourd'hui les Néron. les Pharisiens et les Scribes !

Mgr Saint Pierre. — Les Hérode et les Néron ! mais c'est votre pouvoir civil avec ceux qui le flattent. Fatigués des beaux temps de Saint Louis. de la prospérité et de l'éclat artistique des âges chrétiens dans lesquels l'esprit de l'Evangile inspirait et dirigeait la vie sociale. ils ont inventé le gallicanisme et ses succédanés. le joséphisme. le léopoldisme. etc. Ils ont dit : L'Etat fera bien ses affaires tout seul *(fara da se)* et ils m'ont ligotté à Rome. à Paris. partout. Ils m'ont envoyé à la sacristie et n'ont plus voulu entendre mes conseils. Ils ont cru qu'ils mèneraient bien le char sans que leur autorité fût appuyée par celle de Dieu. sans que leur administration fût dirigée par la stricte justice de l'Evangile. Mais voici que le pauvre char oscille et penche dans l'ornière. Il n'y a plus d'autorité. plus de respect. presque plus de gouvernement. c'est l'anarchie.

Les Pèlerins. — Nous reconnaissons bien les prétentions césariennes de l'Etat. qu'il s'appelle monarchie ou république : mais vos enfants au moins. les catholiques. vous sont fidèles.

Mgr Saint Pierre. — Non. beaucoup d'entre eux pactisent avec César, soit par leur action manifeste, soit par leur apathie. Je leur ai dit par mon successeur ce qu'il faut faire pour rétablir la concorde avec l'Etat et y renouveler le règne de la justice : ils ne veulent pas m'entendre et comptent plus sur leurs petites combinaisons que sur les conseils qui émanent de la Chaire de Saint Pierre. Combien hésitent, reculent et empêchent la solution d'avancer ! Ils ont eu quelques moments de bonne volonté, mais dans ces derniers temps tout paraît remis en question.

Les Pèlerins. — Mais où sont les Pharisiens modernes ?

Mgr Saint Pierre. — Les Pharisiens, ce sont vos prétendus conservateurs. L'esprit démocratique de l'Evangile les horripile. Ils adorent inconsciemment le veau d'or. Il leur faut le droit païen de propriété *(jus abutendi)*, et la libre pratique de toutes les oppressions usuraires dans le contrat du travail et dans tous les trafics financiers. Ceux-là aussi relèvent la tête depuis l'an dernier. Ils redoutent comme le feu la propagande démocratique, ses apôtres, ses organes, ses œuvres. Tout cela trouble leur paisible jouissance de Pharisiens.

Les Pèlerins. — Et les Scribes, où sont-ils donc ?

Mgr Saint Pierre. — C'est la science émancipée, depuis la science athée, dont la banqueroute a été justement proclamée, jusqu'à la science vaniteuse de certains docteurs catholiques, qui croiraient croupir dans l'ignorance s'ils n'admettaient pas les hypothèses dénuées de preuves du darwinisme, s'ils ne détruisaient pas avec l'exégèse protestante les trois quarts de l'autorité des livres saints, en discutant leur valeur historique, en regardant certains livres anciens comme des romans, en diminuant le caractère de l'inspiration.

Les Pèlerins. — Mais toutes ces erreurs sont sans doute le fait de quelques jeunes gens irréfléchis !

Mgr Saint Pierre. — Si ce n'était que cela ! Mais je ne trouve pas même dans les corps d'élite l'obéissance unanime que j'y devrais rencontrer. Là aussi, il y a comme un réveil de gallicanisme. Mes directions politiques et sociales, on les tient pour lettre morte, ou même on les regarde comme dangereuses. Les traditions doctrinales de l'Eglise, on les sacrifie à l'amour des nouveautés. J'ai donné Saint Thomas comme guide, on le délaisse. En un mot, ces clefs que le Christ m'a données et dont vous voyez le symbole dans mes mains de bronze, on voudrait me les arracher.

Les Pèlerins. — Nous protestons de toutes nos forces contre ces révoltes. Nous savons que le Christ est avec vous. Nous baisons votre pied béni. Nous vous demandons pardon pour notre génération. Cette main de bronze qui tient les clefs a tenu, dit-on, les foudres au capitole (1). Ces foudres étaient vaines, mais le pouvoir de vos clefs est réel, nous l'acclamons et le vénérons. Nous travaillerons, sous la direction de votre illustre successeur, à étendre votre règne sur les esprits et sur les cœurs.

*
* *

Nous rencontrons M. Pacelli, conseiller municipal qui est venu parler aux pèlerins l'année dernière. Il nous parle de la Triplice complètement en désarroi, des sympathies sincèrement affectueuses de l'Italie pour la France, des manifestations unanimes qui ont eu lieu dans les corps élus à l'occasion de la mort du Président. Il revient de Paris où il a passé quelques semaines : il a constaté avec peine la désorganisation des catholiques français, cause de leur écrasement par les francs-maçons.

Après-midi, nous allons chez Monseigneur le Maitre de Chambre où nous rencontrons le Père Aurèle, prieur des Trois-Fontaines. Il nous parle d'une tentative pour la culture de la campagne romaine. Les Trappistes louent aux familles une certaine portion de terrain pour un prix très modique : ils forment ces familles au point de vue agricole, et au bout d'un certain temps, quand leur éducation est jugée suffisante, ils les rendent propriétaires de leurs terres. C'est l'œuvre des « Vieux Chiffons » qui se charge de soutenir l'entreprise.

Nous allons au Belvédère où nous avions rendez-vous avec Sœur Thérèse et un architecte de la ville. Il pense réussir à faire entendre les orateurs en tendant au-dessus de la tribune un grand velum à la hauteur des poutres : quatre travées ainsi arrangées suffiront. Sœur Thérèse fera les démarches nécessaires pour que tout soit posé avant l'arrivée du pèlerinage belge (vers le 18 avril), on pourra juger de l'efficacité du moyen.

Nous voyons ensuite le cardinal Parocchi, protecteur de l'Œuvre des Cercles catholiques, pour laquelle il nous dit son affection. Il nous parle des affaires de France, de l'état de l'Italie, puis de Dom Perosi, de sa musique, tout cela avec une compétence étonnante, car il est aussi musicien que littérateur, linguiste, etc.

Nous terminons par une visite à l'ambassadeur de France près le Saint-Siège : le nouvel ambassadeur, M. Nisard, est au Grand Hôtel, et M. de Navenne est absent. Nous nous inscrivons sur le registre placé à l'occasion de la mort du Président de la République.

---

(1) La statue actuelle a été faite avec le bronze de Jupiter Capitolin.

4ᵉ de Rome, Mardi 21 Février 1899.

Les Corporations au Capitole. — La Démocratie et l' « Osservatore ». — Visites à plusieurs cardinaux. — Bonanni. — Séance de projections. — Saint-Suaire. — La presse catholique.

Mes bien-aimés Enfants. ·

Dimanche 19 Février. — En sortant, le R. P. Dehon nous fait remarquer les titres gravés sur les portes du palais qui est à droite de la place du Capitole. Sur l'une : collège des parfumeurs : sur les autres : collège des marchands de poissons, université des bouchers, université des restaurateurs (taverniers), université des charpentiers, des forgerons, des aubergistes, des maçons, des cordonniers. C'étaient les syndics de ces universités qui formaient le municipe de Rome. C'est ainsi que, dans les temps chrétiens, les ouvriers étaient honorés et pouvaient eux-mêmes sauvegarder leurs intérêts.

***

Le cardinal A... nous reçoit d'une manière fort aimable. Il nous parle du comte Paganuzzi, président général du Conseil permanent des congrès et comités italiens. Celui-ci a prononcé, dans la seconde moitié de Décembre, à Bologne, un discours dans lequel il a adhéré à la Démocratie chrétienne, après avoir expliqué ses répugnances d'autrefois vaincues par le discours du Pape. Nous parlons de l'*Osservatore Romano*, obligé de publier aujourd'hui la lettre d'un prêtre de Milan dans laquelle le journal est convaincu d'avoir cité des textes absolument inexacts. Ce journal s'obstine contre la Démocratie, en contradiction avec les directions du Saint Père. On nous a répondu au Vatican que ce journal n'est nullement officieux et que lui seul est responsable de ses actes, mais en France on lui attache de l'importance et c'est là la source du mal.

Le cardinal V... se montre très affectueux pour nous, il se réjouit de notre prochain pèlerinage. Il a dit beaucoup de bien de l'abbé Pottier. Il a été content de sa visite en France, en revenant de Belgique, dans le Nord où les patrons sont si généreux, à Paris où il y a tant de bien en même temps que tant de mal. Il nous félicite sur le mouvement populaire français qu'il faut pousser énergiquement et organiser.

Dimanche après midi nous restons à la maison où nous recevons les visites suivantes :

Abbé Murri (via dei Schiavari, 3), rédacteur de la *Cultura sociale*, publication bi-mensuelle, organe des Démocrates chrétiens de Rome. Ce prêtre encore jeune, très ardent, désire vivement organiser des institutions ouvrières :

Ce soir dimanche nous recevions via Tarpeo.

A 6 h. 1/2 arrivent nos invités : trois prélats, trois péres et un prêtre ami.

Le diner et la soirée se passent en conversations des plus intéressantes sur les questions sociales particuliérement. L'unanimité la plus complète existe dans les esprits et dans les cœurs pour la Démocratie chrétienne.

Lundi 20 Férrier. — Nous recevons la visite de M. Bonanni, qui nous est présenté par le P. Tenaillon du St-Sacrement. Celui-ci nous sert d'interprète, car notre visiteur ne sait pas un mot de français. Il a commencé à organiser des conférences pour les ouvriers dans une salle voisine de la place du Peuple. Je l'ai vivement engagé à former un petit cercle d'études, à consulter les artisans sur lesquels il veut agir, afin d'avoir leur sentiment. Nous avons parlé de l'importance du journal populaire, d'un *Messagero* catholique à fonder. Il a été entendu qu'on prendrait rendez-vous pour parler de la question. Les Salésiens paraissent indiqués pour faire ce journal : nous les verrons.

Nous allons voir le cardinal F... Il nous retient longtemps. Vous savez que c'est l'étiquette à Rome que le visiteur ne peut s'en aller avant que le cardinal ne lui ait donné congé, de façon qu'on se trouve en quelque sorte son prisonnier : lui seul, à son gré, vous garde ou vous laisse aller.

Pour les instructions du Pape, au point de vue de la politique, c'est bien à tort que certains catholiques français s'étonnent de l'attitude de Léon XIII. Le Souverain Pontife n'a fait que rappeler les doctrines constantes de l'Eglise. Les chrétiens n'ont jamais été factieux. Les apôtres rappelaient l'obéissance au souverain qui s'appelait Tibére ou Néron, à la seule exception des lois ou des ordres contraires aux commandements de Dieu. Vous êtes en République, c'est un fait indéniable ; donc, comme chrétiens, vous ne pouvez pas être factieux et vous devez accepter l'autorité constituée. — On a parlé aussi de la Belgique, des dangers que courent les catholiques, dont un certain nombre n'ont pas su comprendre les aspirations populaires, pour leur donner une légitime satisfaction.

En rentrant à la maison, nous trouvons Mgr X... (archevéque *in partibus*). Il venait rendre visite à M. le chanoine Dehon et nous voir en même temps.

* *
*

Lundi après-midi, nous allons à une séance de projections au Séminaire français (le Supérieur nous y avait invité la veille). Pendant deux heures passent devant nos yeux les vues les plus variées sur l'Inde : elles nous sont expliquées par le touriste lui-même. C'est avec une véritable émotion que nous voyons la photographie du St-Suaire de Turin. successivement le positif et le négatif. On distingue nettement l'empreinte du Corps sacré de N. S., sa tête, sa poitrine, ses jambes avec les plaies horribles qui les couvraient. On voit là ce que raconte Catherine Emmerich de cette douloureuse passion qui ferait de nous des saints si nous y pensions.

Après la séance, nous avons salué les cardinaux présents et Mgr Laborde. évêque de Blois, qui m'attend à son congrès ouvrier dès lundi et mardi de Pâques.

Le cardinal R... nous reçoit à 7 heures. aussitôt notre arrivée dans l'antichambre. Nous lui parlons des questions que nous devons traiter à l'audience du Saint Père. Nous retrouvons toujours en lui cette grande affection pour la France. qui le fait détester particulièrement des Allemands. Nous parlons de l'*Osservatore Romano* qui, par sa rédaction incohérente. favorise les ennemis du St-Siège en France et déroute ses amis. Il nous répond que le journal n'est pas officieux. Il reçoit les communications du Vatican, il est vrai : mais, en dehors de cela. le Vatican n'inspire aucun de ses articles : ils n'ont d'autre valeur que celle du signataire.

Mardi 21 février. — Le cardinal C... nous reçoit avec l'empressement le plus affectueux. Nous n'avons jamais été comblés de plus d'amitiés que par ce bon cardinal. Il nous dit que le Sacré-Collège partage les sentiments du Souverain Pontife à l'égard de la France. C'est d'elle qu'on attend le salut de l'Eglise. C'est pourquoi l'union des catholiques français est si désirable. Il regrette que la presse catholique paraisse trop de parti pris dans l'opposition : la concentration républicaine est la cause de toutes les lois mauvaises passées et futures. En se cantonnant dans une opposition qui a l'air d'être systématique. nos journaux donnent un motif ou un prétexte à cette concentration qui amènera de nouveaux malheurs. La tactique aurait été de se montrer conciliant. M. l'abbé Lemire a donné un grand exemple qui a fait fort bonne impression à Rome.

Mgr d'A... nous reçoit : nous retrouvons ces appartements pour nous pleins de souvenirs. puisque nous avons habité là en 1889. Il nous annonce que le service pour Félix Faure aura lieu jeudi à St-Louis-des-Français.

Le cardinal ..... nous a parlé des grands bienfaits des pèlerinages ouvriers français. non seulement pour la France, mais pour Rome et surtout pour la cause sacrée du Saint Père.

Nous voyons successivement les directeurs de la *Voce della Verita* et de l'*Osservatore Romano*. Ils annonceront la conférence de vendredi prochain que je dois faire chez les PP. de l'Assomption.

A 1 h. 1/2, nous recevons la visite de Mme Vve G... qui demande à être reçue par le Saint Père en même temps que nous (nous avons été assez heureux pour y arriver. J'en ai été content pour mon excellent ami M. G.... mort jeune encore, après avoir été si dévoué à l'œuvre des cercles).

L'ambassadeur, M. Nisard, nous reçoit. Il est l'ami de B.... et par lui il me connaissait depuis longtemps. Il s'est montré fort aimable. Dans l'antichambre, nous avons présenté nos respects à Mgr Isoard.

Nous rentrons chez nous et trouvons le billet d'audience pour demain !!

Au revoir, mille embrassements.

Signé : Léon HARMEL.

5e de Rome. Mercredi 22 Février 1899, fête de la Chaire de Saint Pierre, à Antioche.

AUDIENCE DU SAINT PÈRE

Son activité. — Sa persévérance dans la ligne de conduite. — Mouvement social. — Union Fraternelle. — Congrès de Blois. — R. P. Fontan. — Abbé Pottier. — Tiers-Ordre. — Œuvre des cercles. — Minimes à Lyon. — P. Faber, dévotion au Pape.

Mes bien-aimés Enfants.

Nous arrivons à onze heures et demie dans l'antichambre. Nous causons un peu avec le camérier de service. Le Saint Père est né en 1810 : il a donc 89 ans sonnés. Il travaille encore 14 heures par jour, dont 5 d'audience. Il a conservé une mémoire prodigieuse.

Il ne prend jamais de détermination sans y avoir réfléchi longtemps. Il disait au R^me P. S... : « J'ai réfléchi, j'ai consulté, j'ai beaucoup médité, j'ai beaucoup prié et fait prier, ce n'est qu'ensuite que ma décision a été prise. » C'est pourquoi Il n'en change pas. Ceux qui disent que le Pape a changé ne le connaissent pas. Au point de vue social, il était déjà Démocrate à Pérouse, et s'Il n'a pas parlé si clair au commencement de son Pontificat, c'est parce qu'il attendait les esprits. Quant à la soumission au gouvernement établi, c'est un simple principe théologique que ni Lui ni ses successeurs ne peuvent changer.

Aujourd'hui plus que jamais, les rois et les puissants de la terre sont défiants envers l'Eglise : leur autorité diminue de jour en jour à cause de l'influence des masses qui se produit peu à peu dans toutes les nations : aussi le Pape s'adresse-t-Il aux peuples directement, passant par-dessus les gouvernements.

***

Midi sonne. nous sommes introduits nous deux Pierre seulement. Vous savez avec quelle tendresse touchante Léon XIII m'accueille. Je lui ai parlé des affaires que j'avais à traiter et dont je ne puis vous écrire.

Il est ensuite question du mouvement social économique populaire. Le St Père le considère comme le grand moyen de combler le fossé de malentendus qui a été creusé entre l'Eglise et le Peuple.

Je lui dis le bien immense causé par l'attitude du St Siège se déclarant nettement pour les petits et les humbles. dissipant ainsi le préjugé moderne que l'Eglise s'occupe surtout des riches.

Le St Père reçoit avec plaisir l'Annuaire de l'Union Fraternelle que je lui offre. Il le parcourt. Il accorde une spéciale bénédiction à tous les adhérents et m'autorise à demander au Cardinal Secrétaire d'Etat une lettre en son Nom pour bénir notre entreprise.

Pour le Congrès des Travailleurs chrétiens du Centre et de l'Ouest (lundi et mardi de Pâques à Blois). Léon XIII désire que ces bons ouvriers soient encouragés de sa part.

Le Pape loue beaucoup l'abbé Fontan et l'abbé Boyreau qui ont établi la vie commune des prêtres dévoués aux œuvres ouvrières. Il s'est fait expliquer particulièrement l'action féconde des aumôniers du Travail de Tarbes. fondés par M. l'abbé Fontan. Nous avons demandé une lettre d'encouragement adressée au vénérable évêque de Tarbes pour louer cette action sacerdotale qui lui est si chère.

Nous annonçons l'ouvrage de M. l'abbé Pottier — son cours sur la justice. en latin. — C'est lui qui est le docteur des démocrates : il faut que le mouvement soit tenu dans les bornes de la vérité par un théologien sûr. puisque la doctrine a une si grande importance dans l'action. Le Saint Père répond avec bienveillance : Il reconnait que M. l'abbé Pottier est très soumis à son évêque et au Saint Siège. Nous annonçons au Saint Père que Mgr de Liège vient de nommer le célèbre professeur chanoine de sa cathédrale.

Nous n'avons pas manqué de parler du Tiers-Ordre et des progrès qui sont réalisés en France. grâce au concours du R. P. Jules. commissaire général. et des RR. PP. Mineurs. Le Saint Père nous a rappelé le plaisir qu'Il avait eu de voir le P. Jules et il a loué son zèle Il désire vivement qu'une action générale soit établie de façon à ce que les fraternités se connaissent. correspondent ensemble pour se rendre les services mutuels. afin aussi qu'Il y ait une direction générale où les succès des uns encouragent les autres et qui puisse unir les efforts. Les Frères Mineurs ont là une mission magnifique s'ils veulent correspondre au désir ardent du Saint Père. Léon XIII ne cesse de répéter qu'Il attend la rénovation sociale de cette efflorescence du Tiers-Ordre. Il recommande surtout que l'action *sociale* soit jointe à l'action chrétienne. Je lui ai cité des fraternités d'hommes qui ont fondé des institutions de toute sorte pour l'instruction et le bien-être des ouvriers. J'ai rappelé en particulier la Fraternité de Roubaix et son organisation : le Saint Père s'en est souvenu, et spécialement des graphiques sur la division par sections que nous lui avions montrés précédemment. Le Pape m'en a exprimé sa vive satisfaction.

L'œuvre des cercles et son secrétaire général, M. le comte de Mun, ne sont pas oubliés. Le Saint Père bénit nos confrères et témoigne son affection paternelle pour M. de Mun.

Enfin, je demande pour mes enfants, mes petits-enfants et pour chacun des membres de ma nombreuse famille une bénédiction particulière.

Je la sollicite aussi pour l'Institution de Notre-Dame-des-Minimes à Lyon (professeurs et élèves). Elle a donné des zouaves pontificaux à la papauté, entre autres le colonel de Bec de Lièvre, le capitaine Jacquemont, des Garets et André Burel, ce dernier tué à la *Porta Pia*. Voilà des titres de gloire appréciés de Sa Sainteté qui bénit avec effusion.

Nous avons fait entrer Mᵐᵉ Henry Gréau pendant la seconde partie de l'audience. Le Saint Père a été aimable pour elle. Il a dit en me désignant : « Ne pensez-vous pas qu'il faudrait beaucoup d'Harmel ? Je n'en ai qu'un, si j'en avais deux, j'aurais une grande action en France. (Puis se tournant vers Pierre) : Heureusement il y a des fils et des petits-fils. J'espère bien qu'ils continueront l'action de mon cher Harmel, le Bon Père. » Ces paroles étaient prononcées d'une voix tendrement affectueuse.

Enfin, il nous a bénits et nous nous sommes retirés, il était un peu plus de midi et demie.

*
* *

Je me souvenais en sortant, tout ému de cette entrevue, des lignes du Père Faber : « Ce qui est fait au Pape est fait à
« Jésus lui-même. Tout ce qu'il y a de royal, tout ce qu'il
« y a de sacerdotal en Notre-Seigneur se trouve rassemblé
« dans la personne de Son Vicaire, pour recevoir nos hom-
« mages et notre vénération. On pourrait aussi bien essayer
« d'être bon chrétien sans la dévotion à la Sainte Vierge
« que sans la dévotion au Pape et par la même raison
« dans les deux cas. La Mère de Jésus-Christ et son Vicaire
« font également partie de l'Évangile. »

Quand j'entends quelqu'un mal parler du Pape ou le cri-

.tiquer, je me sens pris de terreur au sujet de cet imprudent. Le P. Faber exprime cette pensée : « On est étonné de dé-
« couvrir combien sont intimement unies une noble fidélité
« au Pape, et notre générosité à l'égard de Dieu, aussi bien
« que les libéralités de Dieu à notre égard. Il faut partager
« chaudement les sympathies de l'Eglise pour son chef visi-
« ble, ou bien Dieu ne nous montrera plus de sympathie. »

Le quatrième commandement, qui promet des récompenses temporelles à ceux qui honorent le père et la mère, n'est-il pas vrai pour le Pape ? « Nous ne devons pas, dit encore le
« P. Faber, nous permettre l'irrespectueuse déloyauté de
« distinguer en lui, et dans son ministère, entre ce que nous
« pouvons considérer comme humain et ce que nous pou-
« vons reconnaître comme divin. Nous devons le défendre
« avec toute la constance, avec toute l'énergie, avec tout le
« dévouement, avec toute l'étendue d'action que l'amour
« sait employer pour défendre les choses sacrées pour lui. »

*
* *

Oui, mes bien-aimés Enfants, considérez le Pape comme un Père tendrement aimé et filialement respecté !

Après l'audience, nous allons déposer nos cartes chez les cardinaux Rampolla et Mocenni, absents.

Le soir, nous allons au Vatican pour voir le cardinal Rampolla. Dans l'antichambre, nous rencontrons l'évêque de Blois, que nous saluons, ainsi que le R. P. B..., Mgr I.... avec lesquels nous faisons conversation. Nous sommes introduits après une heure d'attente. Nous racontons notre audience, prenons les résolutions et nous remettons les suppliques pour les lettres accordées par le Saint Père.

Bonsoir mes bien-aimés Enfants, recevez mes plus tendres embrassements.

Signé : Léon HARMEL.

6ᵐᵉ de Rome, Vendredi 24 Février 1899.

Service de Félix Faure. — Le cardinal Rampolla.
Conférence à l'Ara Cœli.

Mes bien-aimés Enfants,

Jeudi 23 Février, service du Président de la République, Félix Faure, à Saint-Louis-des-Français. L'ambassadeur nous avait envoyé des cartes. Beaucoup de monde. Tout le monde officiel du Quirinal y était : les ministres et généraux. Il y avait une fort belle musique. Le cardinal Rampolla est venu *quand même*, pour témoigner son amour pour la France, mais comme il n'a pas salué les ministres, il a mis en colère la *Tribuna* et les journaux libéraux. Le cardinal a fait l'absoute solennellement. En revenant, il est passé près de nous. Il était tout tremblant d'émotion de s'être rencontré pour la première fois avec tout ce monde. L'ambassadeur d'Allemagne est sorti avec ostentation au moment où le cardinal Rampolla arrivait en procession (dans l'église) pour l'absoute. Les Allemands détestent ici le cardinal, qu'ils accusent d'être vendu à la France. Je voudrais qu'on sache cela partout en France afin qu'on soit plus reconnaissant.

Après-midi, préparation de ma conférence.

*
* *

Vendredi 24 février. — Fête de Saint Mathias, apôtre de la réparation, puisqu'il a été nommé à la place de Judas et a dû réparer la trahison.

A trois heures et demie, conférence chez les PP. de l'Assomption, place de l'Ara Cœli. Nommons parmi les présents : le cardinal Cretoni, le cardinal Ferrata et le cardinal Macchi ; Mgr Passerini, archevêque, vice-camerlingue ; Mgr Mourey, Mgr Celli ; Mgr d'Hautpoul (qui m'a parlé de la campagne de Félix) ; Mgr T'Serclaës ; Dom Benoit, abbé de la Trappe des Trois-Fontaines ; Dom Sébastien, général des Trappistes ; Mgr Daniel ; Mgr Tiberghien, le Père procureur des Capucins ; P. Burtin, supérieur des PP. Blancs ; deux Franciscains ; P. Tenaillon, supérieur du Saint Sacrement ; M. Debruigne, supérieur de la Maison des Lazaristes ; R. P. Général du Sacré-Cœur ; R. P. Lemius, etc., etc.

Laïques : Pacelli Père ; prince de Piombino ; comte Agliardi ; Edouard Jaroszynski (Hôtel de Rome).

Comme compte-rendu, je vous envoie la copie de l'article de l'*Univers*.

M. Harmel à Rome.

« Comme chaque année, le Bon Père est venu à Rome pour préparer le pèlerinage des ouvriers français qui aura lieu à la fin de septembre.

« A peine arrivé, il a eu la grande joie d'être reçu par le Souverain Pontife, qui lui a exprimé toute sa satisfaction et lui a prodigué ses encouragements pour le pèlerinage et le développement de son action sociale. « Ah ! s'il y avait deux « Bon Père » en France ! » s'est écrié Léon XIII.

« M. Harmel a reçu le même accueil bienveillant et

encourageant chez les Eminentissimes Cardinaux. Il a pu constater partout la sympathie la plus profonde pour la France, et la conviction de plus en plus répandue que c'est de l'action populaire qu'il faut attendre le relèvement de la Société.

« La conférence que le Bon Père vient de donner chez les Pères Augustins de l'Assomption avait attiré une nombreuse assistance, surtout de la jeunesse ecclésiastique des universités romaines. Quelques cardinaux et de nombreux prélats et supérieurs de communautés avaient tenu à apporter, par leur présence, le témoignage de leur confiance et leurs encouragements.

« Le « Bon Père » a parlé de l'action sociale. Elle doit s'exercer, a-t-il dit, au profit des travailleurs condamnés à une misère imméritée par leur isolement, l'instabilité du travail, ou leur infériorité économique et sociale.

« Cette action produira des effets plus rapides et plus étendus si on a soin de faire appel à l'initiative ouvrière : l'apostolat mutuel de l'ouvrier sur l'ouvrier arrive aux meilleurs résultats ; de plus il forme l'ouvrier lui-même, le relève dans sa propre estime, le compromet pour le bien et assure sa persévérance. Aujourd'hui il faut être apôtre ou apostat.

« C'est le clergé surtout qui doit aller au secours du peuple et travailler à faire des ouvriers autant d'apôtres de leur propre relèvement.

« Cette action du clergé s'exerce par l'enseignement d'abord. Que de progrès réalisés déjà par la prédication de l'Encyclique « *Rerum Novarum* » ! mais combien nous serions plus avancés si cette prédication avait été plus incessante, plus unanime, plus répandue !

« Outre cet enseignement, le clergé a prouvé, par des institutions, quelle puissance il retrouverait tout de suite s'il pouvait et voulait se consacrer à cette action populaire.

« M. Harmel appuie toutes ces idées par des faits nombreux qu'il a recueillis dans ses pérégrinations à travers la France du Travail. Il montre que le socialisme ne doit ses triomphes qu'à l'habileté avec laquelle il a pris la défense des intérêts ouvriers, en appelant le peuple à travailler à son propre relèvement. Le socialisme se dissipera comme un vain fantôme le jour où les catholiques, reprenant leurs traditions séculaires, parviendront à rendre au travail et aux travailleurs la dignité que Dieu et l'Eglise veulent leur donner.

« Emaillée de ces fortes expressions qui enfouissent les doutes dans les esprits, cette conférence a valu au Bon Père les plus chaleureux applaudissements. C'est un nouveau triomphe pour la cause de la Démocratie chrétienne dont M. Harmel s'est fait partout l'intrépide champion. »

7ᵉ de Rome. Samedi 25 Février 1899.

Cardinal Macchi. — Souvenirs de Pie IX. — Oratorio de Perosi.

Mes bien-aimés Enfants,

Il fait un froid excessif. Nous avons pris rendez-vous avec le cardinal Macchi. Nous y sommes à 10 heures. Il nous a conservés pendant une heure, nous prodiguant la plus paternelle affection. Il nous a raconté des détails touchants sur Pie IX, avec lequel il a beaucoup vécu. Dans l'intimité, Pie IX était rempli de bontés pour son entourage et d'attentions délicates. Sa joie était de rendre les autres heureux. Aussi était-il adoré de tous ceux qui le connaissaient. Le cardinal Macchi l'a assisté à ses derniers moments et c'est lui, comme majordome, qui a été chargé d'annoncer sa mort. Cette nouvelle a provoqué des sanglots dans toute la ville. Le cardinal fait de temps en temps son pèlerinage à Saint-Laurent-Hors-les-Murs, ce que nous ferons nous-mêmes au premier moment libre.

*
* *

Après midi, nous recevons des cartes pour assister à l'oratorio sur la Passion du Christ de Dom Lorenzo Perosi, jeune prêtre, actuellement à Paris. L'exécution avait lieu dans une grande salle vitrée au palais des beaux-arts. L'orchestre comprenait environ 80 instrumentistes, surtout des violons : il y avait 200 chanteurs, parmi lesquels des enfants, des chanteuses et beaucoup de basses. La première partie : *La Cène du Seigneur*, se distingue par de nombreuses paroles du Christ interprétées admirablement. On éprouve une véritable impression de terreur quand on entend la malédiction du Sauveur à un de ses disciples qu'Il a si tendrement aimé et tant choyé. Il ne l'appelle plus que « cet homme ».

« *Malheur à cet homme par qui le Fils de Dieu sera trahi.* « *Il vaudrait mieux que cet homme ne soit jamais né.* » Comme elle est terrible, cette parole de Celui qui a été si doux envers les pécheurs ! L'harmonie rend l'impression.

Après que le Christ a donné son corps et fait boire son sang, pendant que l'auditoire est sous l'émotion des paroles d'amour, le chœur chante avec une suavité délicieuse *Lauda Sion salvatorem*. A ce moment, j'ai éprouvé une émotion si profonde que les larmes ont jailli de mes yeux. Après une nouvelle parole du Christ, le chœur final reprend le *Lauda Sion salvatorem, lauda ducem et pastorem in hymnis et canticis*. La chorale éclate en hymne triomphal qui a transporté toute la salle. On a fait bisser le morceau. La seconde partie, l'*oraison au Jardin des Oliviers*, est remplie de tristesse déchirante. Il se termine par un chœur qui exprime la violente indignation de l'historien quand il raconte que le traître était l'un des *douze*, puis le bruit de la multitude, et le chœur se termine par une harmonie douloureuse et émouvante.

La troisième partie : *la mort du Rédempteur*, ne laisse plus entendre qu'une seule phrase du Christ. Ce sont les historiens et les chœurs qui racontent la scène, les ténèbres, la moquerie des Juifs et les railleries des Pharisiens. Le chœur final exprime les gémissements de l'humanité dans des paroles tirées d'Isaïe.

En somme, représentation très émouvante qui laisse une profonde et salutaire impression.

Tout à vous.

Signé : Léon HARMEL.

8° de Rome. Dimanche 26 Février 1899.

L' « Univers ». — L'américanisme. — Pincio. — Ara Cœli.

Mes bien-aimés Enfants,

Je rentre à 5 h. 1/2. Il a fait un froid excessif toute la journée. Ce matin, il y avait des pendentifs de glace aux fontaines de Rome.

Sorti ce matin à 10 heures, nous avons été chez Mgr ..... pour lui parler :

1° Des journaux français Il signale l'*Univers* comme ayant la note *parfaite* du Vatican. Je lui ai soumis une lettre à Veuillot qu'il approuve beaucoup :

2° D'un projet de lettre supposée traçant la marche complète du journaliste selon les désirs complets du Saint-Siège. Il nous répondra demain ou mardi.

A midi et demi, nous avons dîné avec Mgr Keane, ancien recteur de l'Université de Washington, actuellement archevêque *in partibus* et chanoine de Sainte-Marie-Majeure. Un certain nombre d'invités, parmi lesquels : M. le chanoine Buguet, supérieur de la Maison de Montligeon, prêtre très doux, très aimable : son œuvre du purgatoire a une procure à Rome, via Nomentana, 263 : le vicaire général Gély, de Rodez, qui prêche le Carême à Saint-Louis-des-Français (le Grand Séminaire de Rodez compte actuellement 320 élèves ; il fournit des sujets pour les missions, pour un grand nombre d'ordres religieux et pour beaucoup de diocèses) : le fils du Vice-Président de la Colombie, etc., etc. Mgr Ireland devait être des nôtres. Il est à Florence au-devant de deux évêques américains, ses suffragants, qui viennent à Rome.

Je suis à la droite de Mgr Keane. Nous avons une conversation très animée. Il dit son ennui des discussions qui ont passionné l'opinion au sujet de l'américanisme. « Nous « n'avons attaqué personne, me dit-il, nous n'avons cherché « à imposer à personne notre méthode, laquelle est tout à « fait appropriée à notre pays. Quant aux erreurs que le « Pape a justement condamnées, personne en Amérique ne « voudrait les enseigner. Ce sont des erreurs et des exagé- « rations des traducteurs, ce qui est fort désobligeant pour « nous. »

Il m'a félicité d'être Démocrate chrétien. Il ne comprend pas ceux qui ne sentent pas que la Démocratie chrétienne est l'avenir. Si nous n'y arrivons pas, ce sera la ruine morale et matérielle de notre Société.

Mgr Ireland, par une lettre publiée en français dans l'*Osservatore Romano*, remercie le Pape de sa lettre à l'épiscopat américain. Il proteste que jamais aucun évêque ni aucun prêtre n'est tombé dans les erreurs des traducteurs de la vie du P. Hecker.

*
* *

Nous allons promener au Pincio où on fait de la musique. Grand concours de monde et de voitures découvertes malgré le froid.

En quittant la promenade, je vais à l'*Ara Cœli* où les Tertiaires, en costume, avaient leur Salut. Litanies de la Sainte Vierge (jamais de Salut sans cela à Rome). *Tantum ergo* et les *Benedetto*.

En rentrant, je trouve les cartes de plusieurs visiteurs.

Tout à vous.

Signé : Léon HARMEL.

Supplément à la 8me de Rome.

Lettre à M. Eugène Veuillot.

Rome, 28 Février.

CHER ET VÉNÉRÉ MONSIEUR,

Me voici de nouveau à Rome depuis une dizaine de jours. J'y retrouve la bonne opinion sur l'*Univers* que j'y ai constatée autrefois.

On vous sait gré de poursuivre dans la presse la politique d'apaisement que l'abbé Lemire pratique si heureusement au Parlement.

En louant ce qui est digne de louange, et en évitant de

vous prononcer sur les hommes avant d'avoir pu juger les actes, vous conservez une autorité réelle, même aux yeux de vos adversaires, lorsque vous blâmez ce qui vous parait répréhensible.

En évitant les récriminations inutiles, les allusions blessantes contre ceux qui ne partagent pas votre foi, en vous plaçant franchement sur le terrain constitutionnel, tel qu'il est, et non tel que nous le rêvons, vous contribuez, dans la mesure où vous le pouvez, à affaiblir l'anticléricalisme.

La conduite contraire ne ferait que fortifier la concentration radicale, qui a fait tant de mal à la France et qui peut encore amener tant d'atteintes à la liberté. Comment, en effet, travailler à la paix, si nous ne commençons pas par désarmer? Nous serons alors sur le terrain le plus favorable pour repousser les attaques qui seraient tentées.

Je me réjouis de pouvoir vous dire ce que je vois ici, que vous êtes toujours dans la bonne voie. Ma vieille amitié pour l'*Univers* et pour vous en particulier, cher et vénéré Monsieur, ne me permet pas de me taire, et m'oblige à joindre mes humbles félicitations aux approbations autorisées que vous avez déjà reçues.

Veuillez me rappeler au bon souvenir de vos fils et de vos collaborateurs.

Je suis heureux de me dire, cher et vénéré Monsieur, votre très affectionné serviteur.

Signé : Léon HARMEL.

9me de Rome, Mardi 28 Février 1899.

Ambassadeur de France. — Toniolo. — Saint-Louis Conférence italienne.

Mes bien-aimés Enfants,

Il fait toujours un froid excessif. Nous continuons le récit de nos visites.

Hier lundi, nous nous sommes rendus à St-Pierre pour attendre l'ambassadeur de France. M. Nisard a été reçu solennellement par le Pape : Mgr Tiberghien assistait à l'audience. Le Pape s'est placé sur le trône entouré de sa cour, le maître de cérémonies est allé chercher l'ambassadeur et sa suite. En entrant, ils ont fait les trois génuflexions d'usage et ils ont baisé la main du Pape. M. Nisard, très ému, a lu un discours annonçant l'avènement du nouveau Président, assurant Léon XIII des sympathies de la France et de son désir de respecter les promesses faites dans le Concordat.

Léon XIII a répondu : « Personne n'ignore l'affection
« spéciale que nous avons pour la France. Dans les
« circonstances douloureuses qu'elle traverse. Notre affection
« est encore plus vive. et tout ce que nous pouvons faire
« pour elle. Nous le ferons » : puis revenant sur l'allusion
au Concordat faite par l'ambassadeur. il a ajouté : « Ces
« promesses réciproques que Nous avons faites. Nous devons
« les observer, surtout les promesses concordataires. Nous
« y serons toujours disposés. »

Puis le Saint Père a invité l'ambassadeur à passer dans
son cabinet. et leur entretien a duré 40 minutes environ.
Après l'audience. deux maîtres de cérémonies ont accompagné
l'ambassadeur à St-Pierre. On a ouvert les portes de bronze
pour faire passer le représentant de la France : nous étions
là à ce moment. Un chanoine a présenté l'eau bénite.
puis le cortége s'est dirigé vers la Chapelle du St Sacrement
où l'ambassadeur a fait sa prière. Des prie-Dieu avec
coussins en velours rouge avaient été préparés où on devait
s'arrêter. La seconde station a été faite devant l'autel de la
Madone Grégorienne. puis on a baisé le pied de la statue
de bronze : troisième station devant la Confession de Pierre
et quatrième devant l'autel de Ste Pétronille (où est le beau
reliquaire offert par les pélerins ouvriers de 1889). M. Nisard
a fait ces diverses stations avec la tenue d'un vrai chrétien.
Toute la délégation était en grand uniforme avec les
décorations. Environ cent vingt Français s'étaient rendus
à St-Pierre pour assister à cette cérémonie.

*
* *

A midi et demi. nous étions chez Mgr T...., où nous
déjeunons avec Toniolo. professeur d'économie politique à
l'université de l'Etat à Pise : il est aussi savant que bon
catholique et que parfait démocrate. Aussi il est très estimé
du Saint Père. L'illustre professeur témoigne toute sa joie
de me revoir. Nous avons un dîner très animé. plein d'entrain
et de profit pour moi.

A trois heures. nous rendons visite à Mgr T'Serclaës.
supérieur du collège belge. Il continue sa grande vie de
Léon XIII. dont nous avons les premiers volumes. Nous
parlons des affaires de Belgique. Nous déposons nos cartes
chez le cardinal Gossens. archevêque de Malines. descendu
au séminaire belge.

Chaque lundi. à quatre heures de l'après-midi. a lieu
à Saint-Louis-des-Français une réunion de la colonie
française. Nous nous y rendons. Nous y rencontrons
différentes personnes connues et le voyageur aux Indes qui
doit montrer ses tableaux le soir.

Nous saluons tout le monde, nous causons un peu avec chacun, puis nous nous retirons discrètement à 5 heures pour aller à la conférence de Toniolo, au local de *l'Unione cattolica*. Nous trouvons la salle remplie d'étudiants ecclésiastiques italiens ; au bout d'une demi-heure, le professeur paraît et commence son cours en parlant de moi et en racontant ce que je lui avais dit au dîner, de l'importance de l'idée dans les institutions. Son sujet était : Des causes de la décadence des races latines. La cause principale est que ces races ont abandonné la religion catholique au moins dans son esprit, il parle de l'Angleterre, de l'Amérique et montre comment, à travers de grands défauts, ces nations ont des qualités qui leur viennent de l'Evangile. A la fin de la conférence, il m'invite à parler, ce que je fais en m'excusant de ne pas savoir l'italien. L'auditoire me fait l'accueil le plus sympathique. Je fais mes adieux à Toniolo qui part le soir même pour retourner à Pise. Nous nous embrassons et il me promet de venir au Val-des-Bois l'année prochaine. Mgr T..., me met en relation avec le marquis del Pezzo qui a organisé une société coopérative de production avec les ouvriers du bâtiment. Je lui témoigne le désir de voir ses ouvriers ; il me donne rendez-vous pour dimanche à 11 heures du matin, nous pourrons ainsi causer avec eux.

Recevez mes plus tendres embrassements.

Signé : Léon HARMEL.

10ᵐᵉ de Rome, 1ᵉʳ Mars 1899.

Maladie du Saint Père. — Sainte-Pudentienne. — Conférence au Séminaire français. — Interview de Pie IX. — Tombe des Zouaves. — O'Connell, notre modèle.

Mes bien-aimés Enfants.

Depuis hier soir toute la ville est en émoi à cause de la maladie du Saint Père. Vous savez maintenant l'opération qui a été faite et ses résultats. On est un peu rassuré ce soir, mais ce matin c'était une véritable angoisse. On sent quelle place immense le Pape tient ici, même dans le monde des usurpateurs. Les fêtes du couronnement sont remises. Les ambassadeurs assiègent le Vatican pour exprimer leurs sentiments et demander des nouvelles. Les dépêches affluent de toutes les parties du monde.

Mardi 28 février. — Nous entrons à Ste-Pudentienne, église bâtie sur l'emplacement de la maison du sénateur

Pudens qui donna l'hospitalité à saint Pierre. Nous visitons les souterrains découverts tout récemment dans lesquels on trouve les vestiges de l'habitation du sénateur romain : le pavé de la salle de bain qui a servi ensuite de baptistère, le grand vase en pierre qui servait pour donner le baptême ; sur la muraille, des traces de peinture représentant la famille de Pudens, le sénateur, sa femme et ses filles Pudentienne et Praxède. Un souterrain relie l'habitation avec celle de Praxède, où est maintenant l'église de la sainte. On voit le puits dans lequel on jetait le sang et les ossements de martyrs : à l'aide d'une grande perche qui porte une lumière, au fond on aperçoit encore beaucoup d'ossements.

A 1 heure, nous étions au séminaire français où j'ai donné une conférence aux séminaristes sur la famille (patronale et ouvrière). Nous avons rencontré là plusieurs jeunes gens déjà venus au Val.

*
* *

Nous rendons visite au tombeau de Pie IX, à St-Laurent-hors-les-Murs. C'est avec émotion que je revois le tombeau de ce pape merveilleux qui a remué le monde pendant 31 ans de pontificat. Il savait susciter dans tous les cœurs une véritable passion d'amour et de fidélité pour lui. Il avait demandé un tombeau très simple. Le monde catholique s'est chargé d'orner cette chapelle par des mosaïques magnifiques, qui rappellent toutes les nations et beaucoup de donateurs généreux.

Interview de Pie IX à son tombeau par quelques pèlerins.

Les Pèlerins. — Saint Pontife, comme tous vos enfants, nous vous aimons extrêmement. Vous avez été toujours un ravisseur des cœurs. Nous sommes profondément émus auprès de votre tombeau et nous y venons chercher quelque lumière dans les difficultés présentes. Aidez-nous et éclairez-nous.

Mais d'abord, pourquoi ce tombeau étrange ! Pourquoi avez-vous préféré ce cimetière du peuple et des pauvres à la splendide nécropole des Pontifes ?

Pie IX. — J'aime aussi la nécropole du Vatican : j'y ai laissé mon cœur et mes entrailles ; mais j'ai voulu que mon corps reposât au milieu du peuple que j'ai tant aimé et qui m'a tant aimé, auprès de mes chers soldats qui m'ont défendu avec la vaillance des Croisés et qui ont donné leurs vies pour moi.

Les Pèlerins. — Oh ! oui, Saint Pontife, votre peuple de Rome et tous vos enfants, les catholiques, vous ont aimé avec une sainte passion, parce que vous étiez la bonté même. Le souvenir est resté de l'enthousiasme populaire au jour de votre élection, au jour de votre intronisation à Saint-Jean de Latran. Votre retour de Gaëte rappelait l'entrée triomphale des grands généraux de la vieille Rome. Nous en avons vu plusieurs fois le renouvellement au 11 avril de chaque année. C'était toujours un triomphe, mais le triomphe de l'amour et de la tendresse. Et votre jubilé sacerdotal de 1869 n'a-t-il pas été le délire de l'enthousiasme ? Il a épuisé pour vous les fleurs de la poésie et celles des jardins, avec tout l'éclat des feux de joie et des illuminations. Les dons de l'Univers catholique remplissaient Rome et rappelaient les expositions de nos grandes capitales. Votre triomphe était d'ailleurs de tous les jours quand vous descendiez du Vatican pour visiter votre bonne ville, ses sanctuaires, ses œuvres, ses rues et ses promenades, tout votre peuple vous acclamait et se faisait une double joie de voir votre visage paternel et de recevoir votre sainte bénédiction.

Pie IX. — Ce bon peuple ne méritait-il pas que je voulusse reposer auprès de lui au champ des morts ?

Le Pèlerin. — Oui et vos nobles soldats les croisés de St-Pierre avaient aussi un titre particulier à ce que vous demeuriez auprès d'eux. Ont-ils assez généreusement versé leur sang à Castelfidardo en 1860, à Mentana en 1867, à la Porta Pia en 1870. Mais qu'est-ce donc que cette tapisserie en mosaïque d'écussons aux vives couleurs ?

Pie IX. — C'est le plébiscite du monde entier, ce sont les signatures des églises, des diocèses et des villes qui rendent témoignage à ma bonté paternelle et à mon dévouement au bien de tous.

Les Pèlerins. — C'est bien juste, ô Saint Pontife! Comme le tombeau de Pierre, votre tombeau est glorieux parce que vous avez vécu en faisant le bien.

Mais pendant que nous sommes à vos pieds, parlez-nous encore, comme vous nous parliez quand nous allions à votre audience au Vatican. Dites-nous ce qu'il y aurait à faire dans les difficultés présentes. Que faut-il penser d'abord de la situation pénible de l'Italie ?

Pie IX. — Ah! cette chère Italie, je l'ai bien aimée. Moi aussi je la voulais libre et je la voulais une, autant que cela peut convenir à son génie et à son histoire. J'approuvais les sentiments des grands patriotes de cette belle Italie, des Silvio Pellico, des Gioberti, de Massimo d'Azeglio, de Rossi, de Ventura. Je goûtais les traditions de l'école de Pise, de cette ville de penseurs *(Pisa cogitabunda)* où se conservent encore aujourd'hui les vrais traditions guelfes.

Je détestais le joug de l'étranger ; avec les vrais patriotes, je criai : *fuori i barbari*. Je manifestai mes sentiments en renvoyant les 4.000 Suisses qui gardaient Rome, en organi-

sant l'armée nationale, la garde civique. Je formai une ligue
nationale avec le Piémont et la Toscane, contre l'oppression
autrichienne. J'y entraînai le royaume de Naples. Et si Naples n'avait pas trahi cette noble cause, dès 1848 l'Italie aurait été libre tout entière et constituée en fédération sous la
présidence du Pape. C'était encore mon projet après le traité
de Villafranca en 1859 et je l'avais fait inscrire dans les préliminaires du traité de paix ; mais l'ambition piémontaise a
tout fait échouer. Le Piémont a voulu créer par la force une
unité tyrannique. Son œuvre périra dans la ruine et la désaffection des peuples. Les vrais patriotes italiens verront leur
idéal réalisé : l'unité nationale dans une fédération présidée
par le Pape.

Les Pèlerins. — Puissent vos prières au ciel hâter la réalisation de cet idéal ! Mais que pensez-vous des libertés civiles
et du progrès social dont les peuples sont affamés ?

Pie IX. — J'ai préparé pour ces questions l'action de mon
successeur. J'ai condamné dans le Syllabus la tyrannie césarienne et gallicane. J'ai déclaré que l'Eglise n'avait pas à
se réconcilier avec le vrai progrès, parce qu'elle en est elle-même la constante amie et la source intarissable. Dans mes
Etats, j'ai établi l'égalité de l'impôt, créé les ministères civils,
organisé le Conseil d'Etat, la Consulte des finances, la représentation provinciale et communale, j'ai aidé au relèvement
des corporations. Je pensais comme Ventura que « si l'Eglise
ne marche pas avec les peuples, les peuples ne s'arrêteront
pas, mais ils marcheront sans l'Eglise, hors de l'Eglise, contre l'Eglise ». Mais je n'ai pas été assez secondé. Je sentais
bien dès le début que mon entourage et mon peuple n'étaient
pas mûrs pour cette action. J'ai dit un jour : « Il nous faut
dix ans pour faire pénétrer l'esprit politique et l'esprit national dans les masses ». Je ne disais pas assez. L'esprit rétrograde des uns et l'empressement irréfléchi des autres ont
tout fait échouer.

Remettez-vous à l'œuvre, sous la direction de mon successeur. Aimez le peuple, travaillez à sa libération politique
et à son relèvement social. Aidez-le, servez-le, il vous
aidera à son tour et procurera le triomphe de l'Eglise.

Les Pèlerins. — Merci, Père bien-aimé. Nous baisons la
pierre de votre tombeau et, fortifiés par vos enseignements,
nous allons nous remettre à l'œuvre pour Dieu, pour l'Eglise
et pour le peuple.

*
* *

Nous allons au cimetière prier sur la tombe des zouaves
pontificaux, et nous admirons une fois de plus ce magnifique
monument.

Nous rentrons à la maison, où nous apprenons sur le

Saint Père de mauvaises nouvelles qui nous jettent dans la consternation.

Mercredi 1er mars. — Nous écrivons toute la matinée, et à dix heures, nous allons chez le Père D...., où nous restons jusqu'à onze heures trois quarts. Le P. D... trouve que les Français parlent trop et n'agissent pas assez. L'action est la seule chose importante de la vie. Les Français commencent par faire des théories, lesquelles suscitent immédiatement des divisions. L'émiettement étant fait avant l'action, celle-ci se fait sans ensemble et ne produit pas de résultats sérieux.

Les catholiques doivent aller doucement, prendre au fur et à mesure ce qu'ils peuvent avoir ; la théorie de *tout ou rien* est une folie.

Le grand O'Connell a commencé par grouper les forces qui devaient le soutenir dans son action publique : les évêques, les prêtres et le peuple. Quand il a parlé publiquement devant l'Angleterre, il avait toute une armée derrière lui, préparée et organisée. Malgré cette force, il n'a pas demandé plus qu'il ne pouvait obtenir ; et, cependant, le peuple était disposé à tous les sacrifices pour le soutenir. Le vote en Irlande était public. Un lord avait déclaré qu'il chasserait de ses terres tous ceux qui voteraient pour O'Connell. Un fermier intimidé portait aux urnes le billet que lui avait donné son propriétaire. Sa femme le suivit et sur la place, au milieu de la foule, elle lui cria : « Souviens-toi de Dieu et de la liberté. » Le fermier déchira son billet et vota pour O'Connell. Tous les électeurs présents en firent autant. Beaucoup de fermiers furent chassés, mais les populations tinrent bon. N'est-ce pas admirable ? C'est que le grand agitateur avait l'esprit d'organisation, et, avant de se lancer, ses troupes étaient formées, il était certain de leur fidélité. Voilà un bel exemple pour les catholiques français.

La franc-maçonnerie a trouvé qu'elle avait été trop vite en 1789-1793, son mouvement a subi un échec. Instruite par l'expérience, elle marche doucement, mais sûrement vers son but infernal. Et, pendant ce temps, les catholiques se battent entre eux. Les sectaires en profitent. Ils ont préparé leur armée et organisé leurs bataillons; ils détruisent chaque jour quelque partie de l'édifice social chrétien. Quelle folie, dans de telles circonstances, de se disputer sur les mots! Le jansénisme masquait la franc-maçonnerie. Sous son air hypocrite, il visait à chasser Jésus-Christ de la société.

Les démocrates américains sont favorables au peuple, ils sont bimétallistes et pour des droits de douane modérés. Le Père conseille la brochure « *La Conversion Huysmann.* » par l'abbé Belleville , à Bourges.

Hecker n'était pas théologien, c'était un homme de sentiment. — Lamennais, qui avait la vue de l'avenir, a péri parce qu'il s'est contenté d'écrire. Il est resté dans la théorie sans aucune organisation, aucune action. Sa parole était trop avant-garde pour être comprise, et comme il n'avait personne derrière lui, il est tombé seul, sans troupe, sans appui.

Enfin, nous quittons le Père D... et allons déjeuner chez le Rᵐᵉ Père S...

Conversation très animée. Le Père me fait un toast très aimable. Il m'avait placé en face de lui. J'ai émis cette idée que la République est, malgré ses grands défauts, la forme de gouvernement la plus favorable actuellement à la liberté de l'Eglise, comme aussi au réveil des initiatives privées.

Au revoir, mes chers enfants, recevez mes meilleurs embrassements.

Signé : Léon HARMEL.

11ᵉ de Rome, Jeudi 2 Mars 1899.

Abbé Pottier. — Poubelle. — Souffle d'erreurs.

Mes chers Enfants,

Je sors de chez le R. P. ..... Il fait partie du Saint-Office et a été chargé par le Saint Père d'étudier la démocratie belge, l'abbé Daens et l'abbé Pottier. Il professe la plus grande estime pour ce dernier. « C'est un homme complet, « dit-il, il a toutes les qualités du prêtre social et toute la « science d'un véritable théologien : avec cela, il est obéis- « sant comme un religieux. Aussi est-il estimé ici des « personnes qui ont pu l'apprécier. Vous pouvez lui dire « qu'il a des amis, dont je suis. » Je lui ai promis qu'il recevrait directement le nouvel ouvrage du professeur pour lequel nous désirons une belle approbation du Saint-Siège. Ce Père est Espagnol. Il nous recommande de nous mettre en relation avec le cardinal Sancha, archevêque de Tolède, avec l'évêque de Minorque, tous deux très sociaux. A Barcelone, il y a un ami de Toniolo qui s'occupe beaucoup des questions sociales et serait content de nous rencontrer ; ce Monsieur est professeur à l'Université de l'Etat. Mgr Sarda y Salvany est dans la Hierarchia depuis six ans ; il a toujours caché, par modestie, qu'il est Monseigneur. Le R. P. le considère comme le Mgr Ségur de l'Espagne.

Il nous cite des usines où le peuple est très chrétien,

mais aucune organisation. Les patrons seraient bien disposés, il faudrait les voir. Le R. P. désire un catéchisme du patron en italien.

Le R. P. ....., capucin, qui a présidé le congrès du Tiers-Ordre, à Reims, présidera de nouveau à Toulouse, du 16 au 20 août, et en Belgique, à Bruxelles, en juillet. Il est toujours très bienveillant pour tous.

*
* *

Le ministre général ..... nous reçoit et nous entretient de la façon la plus intéressante. Il parlait à M. Poubelle du protectorat de la France en Orient et lui demandait de le maintenir énergiquement. Les autres nations qui contestent n'ont jamais rien fait pour protéger les catholiques, même de leur nation, tandis que la France n'a cessé d'agir. Dans le massacre des Arméniens, pas un catholique n'a été assassiné, grâce à l'énergie du consul français, qui a nourri avec les Pères 3 à 4.000 personnes qu'ils ont sauvées. M. Poubelle a répondu : nous sommes des fils égarés, mais nous sommes toujours des fils.

Nous avons parlé de la lettre du Saint Père sur l'américanisme. Il nous a répondu : « Nous ne sommes qu'au
« commencement. Attendons-nous à bien autre chose. Le
« vent de l'erreur souffle bien davantage en Allemagne
« qu'en Amérique. Le docteur Schell, doyen de théologie de
« l'Université d'Augsbourg, condamné formellement par
« l'Index, a séduit les jeunes étudiants ecclésiastiques. En
« France, la critique sceptique inaugurée par l'abbé Du
« chêne met tout en doute. L'abbé ...... sans aller aussi
« loin, borde cette école. Partout, sous prétexte de critique
« historique, on met en doute l'Ecriture sainte. Récemment,
« un étudiant, passant son examen de docteur en Allema
« gne, à la Faculté de ......, a déclaré, au grand ébahisse
« ment des examinateurs, que les Pères de l'Eglise ne
« connaissaient pas l'Ecriture sainte. C'est aujourd'hui
« seulement qu'on la connaît, parce qu'on a un juste esprit
« de critique. Ce jeune homme a maintenu son audacieuse
« affirmation. Il y a un orgueil de l'esprit qui s'empare de
« certains prêtres et de certains religieux et qui présage les
« plus grands malheurs. Au fond, c'est le protestantisme qui
« triomphe par le doute et la négation de la tradition. On
« entre aussi dans l'évolutionnisme. Cette évolution, nous
« dit le Père, nous conduit à une révolution doctrinale, au
« triomphe de l'erreur. Je suis si épouvanté des progrès de
« ces erreurs, même parmi certains prêtres et religieux, que
« je voudrais me retirer dans la solitude pour échapper à la
« responsabilité terrible d'un Supérieur général dans des
« temps si troublés. »

En entendant ce langage. je pensais à mes enfants et à mes petits-enfants jetés dans ce tourbillon d'erreurs suscitées par l'orgueil. Je conjure mes petits-enfants de repousser avec horreur toutes ces nouveautés diaboliques et de s'en tenir à la foi qu'ils ont reçue dans la famille, foi simple et humble. acceptant avec respect non seulement les décisions dogmatiques, mais encore les conseils de Rome. Ce n'est que le Vicaire de Jésus-Christ qui a l'infaillibilité. Celui qui élève un doute, ou qui discute la parole du Pape, doit être évité comme une peste, comme un agent du diable. Je me souvenais de deux petits docteurs en théologie. arrivant au Val, tous frais moulus et parlant avec une désinvolture toute protestante des révélations de sainte Gertrude. L'Eglise les a approuvées, mais ces petits jeunes gens, plus sages, les méprisaient comme des rêveries.

Si la science ne servait qu'à cela, il vaudrait mieux n'en pas avoir. Mais, on a dit : Un peu de science éloigne de Dieu, beaucoup de science en rapproche. Je suis heureux de causer à Rome avec ces véritables savants, dont l'humilité égale le mérite.

Pour nous, qui n'avons pas le pouvoir d'avoir beaucoup de science, tenons-nous humblement dans la soumission d'esprit et de cœur envers l'autorité infaillible du Pape, ne discutons pas s'il parle ou non *ex cathedra*.

Nous sommes certains que l'obéissance à l'autorité légitime ne se trompe jamais.

Bien tendrement à vous.

Signé : Léon HARMEL.

Le Père nous a parlé aussi de l'Université catholique de Washington. d'où on a systématiquement exclu les religieux, et de celle de Fribourg, où on voudrait supprimer les Dominicains. Schell n'aime pas la Sainte Vierge, ce qui fait craindre pour lui. Le chanoine Dellinger, qui autrefois a fondé la secte hérétique des « vieux catholiques », avait, lui aussi, repoussé la dévotion à la Sainte Vierge. Héfélé, au contraire, est revenu au bercail parce qu'il aimait notre Mère Marie.

12ᵉ de Rome, Vendredi 3 Mars 1899.

Anniversaire de Léon XIII. — Jeanne d'Arc. — L'Index. — Catherine Emmerich. — Brésil. — Angleterre. — Infériorité des nègres.

Mes bien-aimés Enfants,

C'est aujourd'hui le 1ᵉʳ Vendredi du mois, nous sommes bien unis avec vous pour adorer le Saint Sacrement exposé dans notre chère petite chapelle. C'est aussi le 21e anniversaire du couronnement de Léon XIII, et hier c'était l'anniversaire de sa naissance. Il entrait dans sa 90e année. Les fêtes du couronnement sont remises, mais sa santé ne laisse plus aucune inquiétude et nous sommes tous à la joie de le voir reprendre une vie nouvelle. Que Dieu nous le conserve longtemps !

*
* *

Le R. P. P...., membre du St-Office et de l'Index, s'occupe tout spécialement des canonisations. Nous l'avons trouvé avec un tas de volumes énormes qu'il fouille pour chercher les solutions données par les Conciles aux questions qu'il étudie.

La cause de Jeanne d'Arc avance avec lenteur, faute de miracles suffisants. Si les fidèles l'invoquaient davantage, ils obtiendraient certainement les faveurs signalées qui pourraient hâter la canonisation.

Il nous parle des erreurs du jour condamnées sous le nom d'américanisme. Erreurs vagues, indéterminées, comme autrefois le Jansénisme. Il lisait encore ces jours-ci le livre du Janséniste Arnaud sur la communion fréquente. C'est fait avec une telle habileté que vraiment on comprend que beaucoup aient été séduits. Nous lui parlons des révélations de Catherine Emmerich : il dit qu'on n'a rien trouvé à condamner, qu'on considère ce livre comme propre à développer la piété. Les additions ou interprétations faites par Brentano, qui a écrit les révélations, lui ont enlevé le caractère complet de l'inspiration divine parce qu'il y a ajouté ses remarques à lui.

Hier, nous avons déjeuné chez le Père B.... qui nous a reçus très cordialement. J'étais en face du Père. Mgr G.... ancien délégué apostolique du Brésil, de l'Equateur et de la Colombie, nous a raconté les choses les plus intéressantes de ces pays. Il aime particulièrement le Brésil où la religion se relève depuis la chute de l'empire. La République a toujours été bienveillante pour les évêques et le clergé. Elle a rendu aux Bénédictins les possessions qui leur avaient été confisquées. Le R. P. Van Caloen, Bénédictin belge, réorganise les monastères pour assurer par eux le service paroissial, un séminaire et un collège. C'est une rénovation complète.

Pourquoi la République du Brésil a-t-elle agi ainsi ? Elle avait été faite cependant par des anticléricaux, qui se proposaient de confisquer les biens de l'Eglise, et d'établir des lois de persécution contre le clergé et les catholiques considérés à l'avance comme les ennemis de la République et les tenants de l'Empire déchu. Celui-ci, en effet, comblait le clergé d'honneurs et d'argent, mais en même temps il le tenait en servage comme il arrive trop souvent des souverains même chrétiens. Les Evêques ont déjoué le plan des sectaires en faisant une adhésion très nette à la République. Dès lors, les projets furent mis de côté, les confiscations furent rapportées. La liberté la plus grande est laissée à l'Eglise qui en profite pour réparer les maux causés par le régime de corruption précédente.

Je me souvenais alors de ce que j'ai lu dans la préface de M. Alfred Nettement, à la traduction des conférences du cardinal Wiseman. Le protestantisme en Angleterre, après avoir été successivement un intérêt d'arbitraire royal et d'arbitraire parlementaire, est devenu pour ainsi dire un intérêt national. Le catholicisme anglais et irlandais, resté en grande partie fidèle à Jacques II, apparaissait comme l'ennemi de la patrie. On considérait les catholiques comme des étrangers, comme des vaincus. Aussi les traitait-on avec férocité. On poursuivait en eux moins une religion qu'un parti. Lorsque la maison des Stuart perdit tout espoir, les catholiques romains de la Grande-Bretagne s'attachèrent graduellement aux princes régnants et cherchèrent à gagner leur confiance par leurs démonstrations de loyalisme. Ils restèrent étrangers à tous les partis qui divisaient le Parlement. Lorsque les whigs travaillèrent à l'émancipation des papistes, ceux-ci donnèrent des chances de succès à leur cause par l'attention qu'ils prirent de s'abstenir de toute démonstration violente et de toute participation aux menées démagogiques.

Voilà une parenthèse qui est bien longue. Vous me pardonnerez de l'avoir faite parce qu'elle appuie les faits du Mexique et notre thèse en France.

On a parlé des prêtres nègres. Ils n'ont aucune autorité, même sur ceux de leur race. Le prêtre blanc qui ne s'occupe que des nègres a besoin d'avoir des relations avec les blancs en même temps, pour conserver le respect de son troupeau. Les nègres sont méprisés par les blancs et ils acceptent cette situation humiliante. Ceci prouve combien l'Evangile a du mal pour transformer l'humanité. Nous sommes tous frères et c'est bien douloureux de voir des catholiques tomber dans de pareilles erreurs. Dernièrement, un régiment de nègres a menacé de se révolter, si les habitants continuaient à leur témoigner du mépris. Ils disaient avec raison qu'ils font seuls le service militaire, et ils ne voulaient pas défendre les blancs qui les traitaient de cette façon. Les blancs ont dû accepter de se montrer plus chrétiens. A la fin du déjeuner, échange de toasts remplis de cordialité.

Au revoir, mes chers Enfants, recevez mes meilleurs embrassements.

Signé : Léon HARMEL.

13ᵉ de Rome, Dimanche 5 Mars 1899.

Le Pape. — Cardinal Rampolla. — Mgr Angeli. — Sᵗᵉ Cécile. — Chants à Saint-Pierre. — Fausse science. — Influence de la France dans le monde. — « Revista Internazionale ». — Œuvres sociales à Rome.

Mes bien-aimés Enfants,

Nous voici à la veille de notre départ. Nous sommes venus voir Pierre. Nous l'avons vu et nous repartons réconfortés. Nous avons constaté une fois de plus que rien n'est changé. Les décisions prises par le Saint Père sont trop réfléchies, trop mûries et trop surnaturelles pour qu'elles soient, comme quelques-uns ont pu le penser en France, soumises aux fluctuations de l'opinion ou des événements.

Nous avons vu plusieurs fois le cardinal Rampolla. Je lui ai fait mes adieux vendredi soir. Je l'ai trouvé toujours aussi parfaitement affectueux pour la France. Les humiliations dont on a voulu l'abreuver ces jours-ci à Rome parce qu'il est trop Français sont un témoignage public de sa fidélité. Cependant le Vatican n'a guère à se louer de la France, des catholiques en particulier, parmi lesquels la soumission est loin d'être complète. Nous avons fait nos adieux à Monseigneur Angeli, toujours charmant comme vous le connaissez. Il nous a parlé du Pape qui va beaucoup mieux. Il a dû dire la messe pendant l'opération. Il a donc biné ce jour-là. Il entendait les plaintes de Léon XIII, ce qui l'émotionnait beaucoup. Les médecins disent que le Souverain Pontife ira mieux qu'avant. *Fiat ! Amen !*

Jeudi soir la station était à Sainte-Cécile : nous y avons été. L'église était illuminée et l'endroit du martyre visible pour tout le monde. Nous avons prié la sainte patronne de Rome, et avons admiré une fois de plus sa belle statue en marbre blanc, couchée le visage contre le socle, pour que ses bourreaux ne puissent voir sa beauté.

Vendredi la station était à Saint-Pierre. J'y étais entré pour faire mes adieux à l'Apôtre. On commençait les complies en musique (parce que c'était la station.) Pendant une heure et quart, je suis resté sous le charme de cette harmonieuse interprétation des psaumes que je suivais sur le bréviaire de M. l'abbé. Nous avons vu ce même jour le R. P. ......, maître du sacré palais. Nous avons parlé des erreurs modernes, de la vaine science qui prétend remplacer la révélation. Elle met en avant les hypothèses qui n'ont le plus souvent aucune base sérieuse. Un relevé fait de 1850 à 1890 a constaté 747 hypothèses, dont 74 seulement ont encore quelques tenants, le reste a disparu. Voilà sur quels fondements fragiles la science s'appuie pour la critique des saints livres. Dans ces matières délicates, on contriste toujours l'Eglise quand on ne s'en tient pas uniquement à ses décisions, alors même qu'on ne va pas jusqu'à l'erreur condamnée.

La foi est le premier des biens et tout ce qui tend à en diminuer la vivacité est un grand mal. Le Père nous parle de la lettre de l'américanisme. Elle a d'abord été faite d'après le plan du Saint Père, puis revisé par Lui pour la rendre plus douce et lui donner cette onction paternelle qui est le caractère des actes de Léon XIII. La parole de ce grand Pape est toujours tout à la fois une parole de lumière et d'amour. Il a un tact et une délicatesse admirables. Voyez comme il loue la vie publique des Américains, comme il les félicite des progrès qu'a fait le catholicisme au sein de la liberté civile. Il ne doute pas que les erreurs énoncées ne soient condamnées par tout le clergé du nouveau monde. Un père peut-il agir d'une façon plus délicatement affectueuse ?

A propos des erreurs allemandes, le Père nous parle de leur pénétration dans les publications et dans l'enseignement de France. Notre nation est considérée dans le monde entier comme la nation apôtre par excellence. Elle propage la vérité ou l'erreur. Aucune idée ne fait son chemin sans passer par elle. C'est le foyer de toutes les idées nouvelles, le centre de tous les rayonnements. Les sectateurs de l'erreur le savent bien et cherchent à pénétrer nos esprits. Les erreurs allemandes se sont propagées chez nous sous prétexte de critique historique et nous les avons ensuite répandues partout. N'est-ce pas un devoir aussi patriotique que chrétien de veiller à empêcher les mauvaises doctrines de pénétrer dans nos écoles et dans nos publications, afin de reprendre notre véritable mission de soldats du Christ, de serviteur de la vérité ?

Nous lui avons demandé d'examiner le nouvel ouvrage de l'abbé X... Il nous a dit du bien de l'abbé-député, il a de l'estime pour sa science et son caractère. Il nous a aussi promis tous ses soins pour l'ouvrage de M. l'abbé Pottier. Nous l'avons quitté à 8 h. 1/2 du soir, il m'a témoigné beaucoup d'affection.

Samedi 4 mars, nous avons été présenter nos devoirs à Monseigneur Pagis, évêque de Verdun, chez les Lazaristes ; nous l'avons invité à déjeuner pour le lendemain dimanche.

Monseigneur Talamo, rédacteur en chef de la *Revista internazionale*, trouve que le monde romain a des progrès à faire au point de vue social. Sa revue soutenue et recommandée par le Saint Père a de la peine à recruter ses lecteurs. Il

constate les progrès du socialisme et de l'impiété à Rome ;
mais ici, comme en France, les conservateurs tournent le
dos pour ne pas voir ce dont ils ne veulent pas s'occuper. Par
contre, l'activité des protestants est un exemple pour les
catholiques. Ils multiplient partout les écoles, les patronages,
les institutions populaires.

Nous voyons Mme la Comtesse de ..... au Grand Hôtel. Elle
se met à notre disposition avec sa fille pour faire, à Paris, la
propagande du pèlerinage de Rome et nous aider de toutes
les façons qu'elle pourra. Je les verrai à Paris.

Nous avons su que Monseigneur Ireland et Monseigneur
Keane ne sont pas rentrés à Rome : ils sont à Florence peut-
être pour éviter les interview sur l'américanisme, cette
question occupant toujours le public.

Ce jour *dimanche*, nous avons été au rendez-vous du marquis del Pezzo, à 10 heures. Il nous a présenté successivement les délégués de trois groupes :

Coopérative de production pour bâtiments (maçons, charpentiers, etc.). Ils versent un franc par mois pour avoir chacun une action de 30 fr. formant un fonds de garantie pour
les entreprises à faire. Je leur ai conseillé de fonder parallè-
lement une société de propriétaires chrétiens. Et comme les
religieux et religieuses sont seuls à construire en ce moment
à Rome, ils pourraient demander au cardinal vicaire de
réunir les procureurs de congrégations pour leur recomman-
der la société. Dernièrement, une communauté avait besoin
d'acheter un terrain à la ville. Le marquis demanda aux
bureaux de la municipalité s'ils consentiraient. On lui a
répondu : Il faut bien si nous voulons vendre, puisque ce
sont les seuls acheteurs et les seuls bâtisseurs de Rome à
l'heure présente.

Les délégués de la *Société de crédit mutuel* m'ont expliqué
leurs règlements. Chaque sociétaire acquiert, par des ver-
sements successifs, une action de 20 fr. Avec trois signatures
(l'emprunteur et deux répondants), on prête 40 fr. Dans ces
conditions, la sécurité existe. Il est vrai que chacun des
répondants peut aussi emprunter 40 fr. avec trois signatures.
Ils ont, en outre, les fournisseurs privilégiés 5 ou 7 ou 10 %,
dont 2 % sont conservés pour les frais.

La troisième société, *La Fraternité ouvrière*, comprend des
gens de tous métiers. Un cercle d'études serait le meilleur
moyen d'occuper et de former ces hommes.

Il y a à Rome, comme en France, un grand esprit d'indi-
vidualisme venant de la destruction des associations depuis
un siècle. Il faut reformer dans la population l'esprit d'asso-
ciation et les idées de solidarité. Entendu qu'en septembre,
nous aurons beaucoup de réunions. J'ai vu des ouvriers
intelligents, il y a des ressources, il faut les mettre en œuvre.

A midi, nous recevions Monseigneur l'Evêque de Verdun, avec d'autres invités.

Le temps était doux, nous mangeons en bas, les fenêtres ouvertes. Nous avons ensuite fait un tour de jardin, puis nous sommes allés promener en ville.

Enfin, nous faisons nos malles pour le départ demain matin. Mille embrassements.

Signé : Léon HARMEL.

Le R. P. Barthélemy me remet la traduction d'un décret de la Congrégation des Rites en date du 20 janvier 1893. Je le joins à cette lettre à cause de son intérêt pour les chapelles.

Décret concernant les Oratoires semi-publics.

On demande souvent à la Sacrée Congrégation des Rites quels sont les oratoires que l'on peut regarder comme semi-publics ? Et d'abord on reconnaît comme oratoires publics ceux qui sont dédiés par l'évêque du lieu au culte public de Dieu, bénis ou même consacrés solennellement par lui : ils ont accès sur la rue, ou encore les fidèles peuvent en général s'y introduire par la voie publique. Au contraire, on considère un oratoire comme privé, au sens strict du mot, quand il est érigé dans une habitation particulière à l'usage d'une personne ou d'une famille par un Indult du Saint-Siège. Tenant le milieu entre ces deux espèces d'oratoires, viennent, comme leur nom l'indique, les oratoires semi-publics. Afin que toute ambiguïté cesse au sujet de ces oratoires, N. S. P. le Pape Léon XIII, par un rescrit de la Congrégation des sacrés Rites, a établi et déclaré ce qui suit : sont oratoires semi-publics ceux qui sont érigés par l'autorité épiscopale dans un lieu en quelque sorte privé ou non entièrement public. Cependant ils ne sont ni à l'usage de tous les fidèles, ni à celui d'une seule personne ou d'une famille, mais servent à une communauté ou à une réunion de personnes. Parmi ces oratoires, tous ceux où l'on offre le Saint Sacrifice de la messe valent pour satisfaire à l'obligation que l'on a de l'entendre. A ce genre d'oratoires appartiennent ceux des séminaires et des collèges ecclésiastiques ; ceux des instituts de piété et des sociétés faisant des vœux simples ; ceux des autres communautés placées sous la règle ou les statuts approuvés par l'évêque ; ceux des maisons ordonnées aux exercices spirituels, ceux des convicts et des hospices destinés à la jeunesse, étudiant les lettres, la science ou les arts ; ceux des hôpitaux, des orphelinats, de même que ceux des casernes et des prisons, et enfin les oratoires semblables dans lesquels des groupes de fidèles ont coutume de s'assembler pour entendre la messe. Il faut y ajouter les chapelles dûment érigées dans les cimetières, pourvu que pendant la célébration de la messe l'entrée soit ouverte non seulement à ceux à qui la chapelle appartient, mais encore aux autres fidèles. Sa Sainteté veut cependant garder sains et saufs les droits et les privilèges des oratoires dont jouissent leurs Eminences Cardinalices, les Evêques et aussi les Ordres et les Congrégations régulières. En outre, Elle a daigné confirmer le décret donné pour Nevers, le 8 mars 1879, aucun obstacle ne s'y opposant.

23 janvier 1899.

Card. MAZELLA.

14e de Gênes, Lundi 6 Mars 1899.

Adieux. — Rome centre universel. — Scala Santa. — Gênes. Conférence.

Mes bien-aimés Enfants,

Nous avons quitté Rome ce matin par un froid sec, un vent glacé. Du reste, à part hier dimanche, il a fait froid tout le temps de notre voyage, mon pardessus d'été n'a pu servir une seule fois.

Hier soir, pour les adieux, nous avons dîné avec les étudiants du Sacré-Cœur, sous la présidence du très bon Père Dehon, dont la santé laisse toujours à désirer. On nous a fait entendre un petit concert, harpe, violoncelle et flûte, avec voix. Milieu très charmant et très affectueux.

Le matin, réveil à 5 h. 1/2, messe du très bon Père; petit déjeuner à 6 h. 3/4 : le fidèle Scolastri était là; nous partons avec le Père Barthélemy, qui nous a préparé les provisions de route. Nous nous emparons d'un demi-compartiment de première, trois places que nous occupons avec M. l'abbé..... Voyage charmant en famille. Nous disons au revoir au R. P. Barthélemy qui nous soigne depuis 18 jours avec une tendresse maternelle. Mgr T... était à la gare à 7 h. 1/2. Nous le remercions de tout ce qu'il ne cesse de faire pour nous. Pendant ces 18 jours, il m'a accompagné partout, m'ouvrant toutes les portes, me procurant les causeries les plus instructives, me faisant faire les conférences. C'est à lui surtout que je dois le charme et l'utilité de mes voyages à Rome. Il est à Rome même l'initiateur du mouvement social pratique : jardins ouvriers, coopératives et patronages.

On reconnaît vraiment que Rome est le centre du monde.

Partout on est en contact avec des hommes de toutes nations. La plupart des prélats et des cardinaux ont séjourné dans les différentes parties du monde. Par contre, c'est à Rome qu'on trouve plus aiguë la lutte de l'erreur et de la vérité, les intrigues de la révolte sourde et les explosions de la filiale et amoureuse soumission, les aspirations vers l'avenir entrevues par le regard prophétique de Léon XIII et les résistances de la routine et de l'esclavagisme.

Au-dessus des luttes, au-dessus des mesquines rivalités, au-dessus du bruit des foules et des agitations des peuples plane le grand vieillard blanc dont l'intelligence éclaire le monde, semblable à un phare lumineux, dont la parole porte à tous les recoins de la terre la vérité dans sa virginale intégrité.

Un homme fait écho à cette parole, reflète cette lumière avec fidélité, c'est le cardinal Rampolla. Nature douce et énergique, sachant allier la majesté à la simplicité, accueillant pour tous et en même temps gardien fidèle de la vérité. Après la figure du Pape, c'est la plus belle et la plus sympathique de Rome.

Malgré l'envahissement des Piémontais, malgré la cour et le parlement, tout à Rome va au Vatican ou vient du Vatican. Personne n'échappe à ce mystérieux entrainement. On sent que si le Pape s'en allait, Rome ne serait plus qu'une nécropole. Aussi quelle émotion durant la semaine dernière, et dans tous les camps! Tous les journaux, depuis le socialiste *Avanti* jusqu'à l'officieuse *Tribuna*, étaient à l'unisson des feuilles catholiques relatant avec détail ce qui concernait la santé du Pape, ses entretiens, ses moindres faits et gestes et cela d'une façon très respectueuse. Le Vatican était encombré d'ambassadeurs, d'hommes de toutes nuances, de toutes opinions venant demander des nouvelles, signer le registre, copier les bulletins. Le cardinal Rampolla nous disait qu'il avait reçu des milliers de dépêches (plus de 18 mille, dit-on). De tous les points de la terre les marques du plus touchant et du plus respectueux intérêt ont afflué. Léon XIII domine le monde par la puissance de son génie autant que par son suprême sacerdoce.

Les Salésiens de Turin nous ont demandé de descendre chez eux comme nous l'avons déjà fait plusieurs fois. J'ai accepté, car j'ai un attrait particulier pour ces enfants de Dom Bosco, auxquels leur Père a laissé l'empreinte de sa grande douceur et de sa grande charité.

Je ne vous ai pas conté ma visite à la Scala Santa. C'est toujours avec émotion qu'on monte cet escalier de Pilate, taché par le sang de Notre-Seigneur. En dessous du grand crucifix qui est en haut : on lit ces paroles du prophète, *Vulneratus est propter iniquitates nostras. — Attritus est propter scelera nostra.* — Ces paroles m'ont toujours été au cœur.

Voici que nous approchons de Gènes, le froid a cessé ; le beau soleil fait son entrée dans notre compartiment et se reflète dans la belle mer Méditerranée.

En arrivant à Gènes, nous trouvons M. l'avocat Boggiano, président du Cercle du Bienheureux Carlo Spinola, et M. le Chanoine Marquis Ludovico Garotti. Nous nous rendons à l'Hôtel de France pour dîner, et ces Messieurs viennent nous chercher à 8 h. 1/2. Voici la traduction du *Cittadino*, du mardi 7 mars :

Conférence Harmel.

Hier soir, à 7 h. 1/2, la grande salle du Cercle du Bienheureux Charles Spinola était déjà bondée d'une affluence nombreuse et choisie, attendant avec impatience la conférence annoncée du Commandeur Léon Harmel.

A 8 h. 1/2, il a fait son entrée, salué par une importante ovation, accompagné par un de ses petits-fils, par le T. R. chanoine Garotti, assistant ecclésiastique, par l'avocat professeur A. Calvini, président du Cercle, par l'avocat Antoine Boggiano, président de la Section Universitaire, promotrice de la réunion, et du Commandeur Corsanego Merli.

L'avocat Boggiano, avec une parole facile et un français très correct, salue dans le conférencier le père vénéré des ouvriers du Val-des-Bois : souhaitant que de tous les centres industriels importants surgissent des hommes généreux à l'exemple de Léon Harmel, sachant résoudre pratiquement l'épineuse question ouvrière.

Dès le début de sa parole, le Commandeur Harmel gagne la sympathie générale : bien qu'ayant passé les 70 ans il est encore plein de vitalité et d'énergie : il a une heureuse allusion au plus illustre enfant de la Superbe, Christophe Colomb.

Entrant ensuite plus directement dans son sujet, il commence par constater que le libéralisme a fait son temps et qu'à l'avenir les grandes luttes sont réservées entre le catholicisme et le socialisme.

Il ajoute qu'il n'est pas permis de douter que l'issue finale ne soit fatale à ce dernier. Il fait toutefois remarquer que la guerre ne doit pas seulement être déclarée sur le champ des idées, mais qu'au contraire les catholiques doivent s'efforcer de démontrer à leurs adversaires, avec des preuves, que les principes catholiques, scrupuleusement exécutés dans la pratique, donnent les résultats les plus féconds.

Il dit encore que la résurrection morale et matérielle de notre masse ouvrière ne viendra qu'en allant au peuple et par l'intermédiaire du peuple. Donnez aux ouvriers une certaine responsabilité et ils travailleront avec plus d'amour et d'énergie.

Il passe ensuite à un exemple pratique en exposant brièvement l'organisation de sa florissante usine dans laquelle beaucoup d'ouvriers trouvent le travail et le pain.

Il conclut en disant qu'il n'a jamais eu à regretter d'avoir instruit l'ouvrier dans la parfaite connaissance de ses droits aussi bien que de ses devoirs, de l'avoir associé à son œuvre, de l'avoir appelé à faire partie de ses conseils, dans lesquels sont discutés les intérêts de l'ouvrier et du patron. Il a trouvé avec ces principes l'idéal d'avoir à ses ordres une grande masse d'ouvriers qui lui sont attachés, non seulement par le lien de l'intérêt naturel, mais aussi par une grande affection. Il ne leur demande pas une obéissance servile : par conséquent, il n'en craint pas de révolte. La splendide conférence fut plusieurs fois interrompue par les applaudissements qui, à la fin, n'avaient réellement plus de frein.

L'éminent assistant ecclésiastique du Cercle, le chanoine Garotti, prenant pour thème l'heureuse phrase du Commandeur Léon Harmel : « Sauvons le peuple par le peuple », remercie l'illustre conférencier, en bon français, et exprime l'espoir que les jeunes catholiques génois se feront un trésor des saints et nobles avertissements que l'illustre Bon Père des ouvriers leur a prodigués ; il conclut en portant la reconnaissance du Cercle Spinola à celui qui sut donner un si éloquent exemple pratique de la façon d'améliorer la triste condition des travailleurs, en leur donnant les saints et infaillibles principes de l'Évangile.

*
* *

Mercredi 8 Mars, nous partons ce matin pour Turin. Pierre, en véritable débrouillard, nous trouve un coupé, comme la veille, où nous sommes installés en famille, occupant les trois places et défiant les assauts des voyageurs.

Nous sommes heureux de sentir comme un vent de France qui vient jusqu'à nous. Voici que nous approchons de la patrie !

Recevez mes meilleurs embrassements.

Signé : Léon HARMEL.

Nos santés sont toujours excellentes.

15ᵉ de Turin, Jeudi 9 Mars 1899.

Turin. — Conférence. — Oratoire de Dom Bosco. — Industriel chrétien. — Rentrée en France.

Mes bien-aimés Enfants,

Mercredi 8 Mars, nous arrivons à Turin à midi 1/2. Nous trouvons sur le quai M. l'abbé Roussin, Salésien, le marquis Invrea et l'avocat Adolfo Nicolas. Après les échanges d'amitié, nous leur donnons rendez-vous pour l'après-midi.

Nous arrivons à l'oratoire salésien, via Cottolengo. La communauté nous attendait pour dîner. Nous saluons les assistants de Dom Rua, qui est en ce moment en Portugal. Comme d'habitude, nos excellents Salésiens nous font un accueil magnifique et très affectueux.

Après le dîner, nous nous rendons dans nos appartements pour nous laver et nous habiller. Dom Roussin nous conduit chez l'abbé Piovanno au grand séminaire. Nous sommes rejoints par plusieurs jeunes gens. Nous allons ensemble à la rédaction du journal *El Popolo Italiano*. La conférence que je dois faire le soir est fixée à 8 h. 1/2 dans la chapelle de l'archevéché. Je vous envoie l'article du journal *El Popolo* à ce sujet.

La Conférence de M. Léon Harmel.

Ce fut un événement que n'oublieront pas ceux qui ont pu y prendre part. Mardi soir, dans l'église même de l'archevéché, tout ce que Turin a de plus distingué dans sa population catholique s'était réuni pour entendre la parole, vraiment inspirée, du Bon Père revenant de Rome. La séance était présidée par notre archevêque.

Léon Harmel est toujours éloquent lorsqu'il parle de la Démocratie chrétienne, des ouvriers, siens ou non, des besoins d'aujourd'hui et des aspirations de demain. Les approbations continuelles, les applaudissements qui, involontairement, l'interrompaient et que lui prodiguait son auditoire choisi et nombreux, donnèrent à cette conférence l'impression d'une très importante manifestation. C'était l'affirmation collective d'un ordre d'idées et de faits, qu'un grand nombre d'esprits professent heureusement à Turin et que l'orateur a puissamment exprimée.

Voici la conférence Harmel reconstruite le plus fidèlement qu'il nous a été possible :

Les deux passions de l'orateur.

Je reviens de Rome, nous a dit le Bon Père des ouvriers.

où je vais tous les ans pour chercher ma direction. J'ai deux grandes passions dans ma vie : le règne social de Jésus-Christ par l'intermédiaire de son Vicaire, et l'élévation morale et économique du peuple des travailleurs par le moyen des doctrines de l'Evangile. Le Pape et le peuple, voilà mes deux amours.

Léon XIII encourage toujours la Démocratie chrétienne qui est vraiment le « contre-poids » et l'adversaire du socialisme. Le socialisme veut détruire Dieu, la famille, la patrie, la propriété. La devise de la Démocratie chrétienne, du vrai peuple, c'est justement l'inverse : Dieu, famille, patrie, propriété. C'est donc une grande injustice d'accuser les Démocrates chrétiens de socialisme, car ce sont eux qui font les grandes organisations et les réunions populaires contre les socialistes (lesquels n'ont nulle part de plus terribles adversaires.)

Etude et puissance des idées.

Mais tout cela ne peut s'obtenir sans une préalable détermination et une diffusion de l'idée. Il faut étudier, Messieurs, et faire étudier. La franc-maçonnerie a séduit le peuple avec les paroles et les idées de Liberté, Egalité, Fraternité ; les socialistes avec celles de Justice et de Solidarité. Mais ce sont là toutes idées chrétiennes, elles nous appartiennent. Il faut les revendiquer. Etudions beaucoup, Messieurs ; les socialistes étudient. J'ai connu un chef socialiste qui s'est converti à la Démocratie chrétienne de laquelle il est devenu un ardent apôtre, en étudiant la *Vie de Jésus-Christ*, de Louis Veuillot.

Le libéralisme et le socialisme sont des erreurs de l'esprit plus dangereuses que celles du cœur et des sens.

·Faisons des cercles ouvriers d'études. Dans certains de leurs cercles, les socialistes font étudier même les livres de C. Marx, très difficiles à comprendre, et pour arriver jusque là tout un mélange d'ouvrages matérialistes et socialistes. Que ne peut-on attendre de telles intelligences si habilement conduites et instruites ? En France, dans nos cercles d'études, chaque semaine on commence par l'application de l'Evangile aux matières sociales : on en tire des aperçus lumineux. Puis on étudie les organisations et les questions diverses ?

La méthode dans l'action.

Mais les idées, il faut les incarner dans les faits. Dans l'action populaire, la méthode a une grande importance. Nous devons partout réveiller l'initiative personnelle et le sentiment de la responsabilité. La question sociale, en effet, n'est pas tant une question d'estomac qu'une question de

dignité. Chaque homme doit avoir sa dignité, et par conséquent, sa responsabilité en ce monde. Comme dans l'étude,
donnez aux ouvriers la responsabilité dans l'action. Nous y
arrivons au Val-des-Bois en réglant les fonctions de
l'usine, les institutions économiques et morales de tous
genres, sur la base des responsabilités assignées et assumées
par les ouvriers eux-mêmes. Dans les réunions, nous
mettons comme président un ouvrier, ayant à sa gauche le
patron et à sa droite le prêtre, l'ouvrier donne la parole au
patron et au prêtre. Le patron et le prêtre ont le rôle
consultatif : les ouvriers n'en ont que plus de respect et de
confiance pour eux. Même pour la caisse de famille dont les
fonds proviennent exclusivement des patrons, les ouvriers
décident de l'importance et du mode des suppléments de
salaire selon les règles fixées.

Il existe des œuvres de compassion et des œuvres de résurrection. Les œuvres de compassion (l'aumône par exemple) sont purement passives de la part de celui qui les reçoit
et sont très bonnes. Mais les meilleures pour résoudre la
question sociale, ce sont les œuvres de résurrection qui exi-
gent de celui qui les reçoit une coopération active, une petite
ou une grande action. Telles sont les institutions coopératives, les jardins ouvriers, les cercles d'études, etc., etc. En
général, nous devons favoriser les œuvres qui cherchent la
justice, le salaire familial par exemple.

Il faut un apostolat continuel et de tous. Aujourd'hui celui
qui n'est pas un apôtre est un apostat. L'orateur recommande
de ne pas se contenter d'étudier les livres écrits, mais surtout d'étudier les livres vivants, c'est-à-dire les hommes.

Fondement de nos espérances.

Notre action ne doit pas être tapageuse, mais fermement
fondée sur le trésor de la vérité chrétienne. L'aurore du
XXᵉ siècle fut préparée par deux grands pontificats, par
Pie IX et par Léon XIII. Dans notre temps, la vérité a été
augmentée avec les dogmes de l'Immaculée Conception, de
l'infaillibilité pontificale. L'influence du Pape dans le monde
s'accroit, surtout dans le monde des travailleurs. Sa voix
fait tressaillir les peuples. Ne nous défions pas du peuple; au
contraire, faisons en sorte que tout se fasse pour le peuple et
par le moyen du peuple. *Tout pour le peuple et par le peuple.*

Encourageons les jeunes : les jeunes sentent déjà l'avenir ;
aidons leur ardeur à renverser les obstacles ; espérons avec
eux et comme eux. Notre espérance pour être chrétienne
doit être une certitude, certitude absolue que le règne de Dieu
s'accomplira sur la terre. Nous devons y coopérer, mais avec
une action intelligente et infatigable.

Travaillons avec courage. Dieu veut le salut des peuples.
il fécondera notre action.

Les paroles de l'Archevêque de Turin.

La conférence Léon Harmel terminée sous la plus vive émotion des assistants, S. Ex. R^me Monseigneur Agostino Richelemy se lève et prend la parole en ces termes :

« Je crains presque de gâter par mes paroles l'impression produite sur nous tous par les paroles du Bon Père, desquelles je ne sais si je dois le plus admirer la force du sentiment ou la vigueur de la conviction avec laquelle il les a dites.

« Fasse le bon Dieu que, après avoir été ses admirateurs, nous devenions ses imitateurs : que Léon Harmel puisse voir s'accomplir dans sa patrie ses vœux et ses aspirations, et que nous puissions dans notre Italie commencer par continuer de tels heureux résultats. »

*****

Après la conférence, j'ai été reçu par l'archevêque, qui a a été très aimable pour moi. Les jeunes gens étaient enthousiasmés, car le camp des conservateurs était largement représenté, et mon discours a été le triomphe de la Démocratie chrétienne, triomphe consacré par la parole de l'Archevêque qui n'a pas prononcé un mot de réticence. Je les ai engagés à agir plus largement qu'ils ne font, à organiser des associations ouvrières puissantes. Il y a eu récemment une grève des conducteurs et employés de tramways à Turin. S'il y avait eu une organisation chrétienne ouvrière, elle aurait eu la gloire de tout pacifier. Les patrons aussi bien que les grévistes auraient été très heureux d'une intervention chrétienne, au lieu de l'influence socialiste qui ne rencontre aucun obstacle. Quelques conducteurs, anciens élèves des Salésiens, exprimaient ces idées à l'abbé Roussin : ils disaient : Si les catholiques ne veulent pas nous laisser devenir la proie des socialistes, qu'ils fassent des organisations capables de défendre nos droits dans les bornes de la justice pour tous.

Enfin, vers onze heures du soir, nous sommes rentrés à l'oratoire. Ce matin j'ai été à la messe dans l'église de N.-D. Auxiliatrice. Vous savez que c'était le titre préféré de Dom Bosco. C'est à N.-D. Auxiliatrice qu'il reportait sa reconnaissance pour tous les bienfaits reçus, pour toutes les merveilles opérées par son intermédiaire. Les étudiants au nombre de 800 sont à l'église. Les ouvriers au nombre de plus de 600 sont déjà rentrés dans les ateliers. Quant aux enfants du patronage, ils ne viennent que le dimanche et le jeudi ; leur nombre dépasse 700. La tenue des enfants à l'église est vraiment édifiante ; en récréation, elle est charmante de simplicité et de confiance envers les maîtres. On constate les succès d'une éducation par les moyens purement moraux, *sans punition*. Un détail : Le jeune perruquier de la maison est venu me faire la barbe ; un domestique est venu faire nos chambres et nos chaussures ; le cocher de la maison nous a conduits dans la ville : impossible de faire accepter une pièce quelconque à aucun. Voilà qui est bien en contradiction avec ce que l'on dit souvent des Italiens. Pour moi, je dois l'avouer, j'aime les hommes du peuple en Italie et à Rome comme je les aime en France. Mon affectueuse sympathie pour eux m'a paru justifiée partout.

L'abbé Roussin m'a remis un paquet de médailles de N.-D. Auxiliatrice bénies par Dom Rua ; puis après nos adieux aux assistants, qui nous ont reçus si parfaitement, nous sommes partis pour faire nos visites. Nous devons déjeuner chez un industriel qui était venu nous inviter. Nous apprenons qu'en Italie comme en France les conservateurs tracassent beaucoup les Démocrates chrétiens. Ils se montrent cléricaux intransigeants, mais en même temps libéraux parfaits, insoumis à l'égard du Pape. En sorte, me disait-on, que clérical veut dire libéral et libéral veut dire réactionnaire. Le seul journal catholique de Turin, l'*Italia Reale* (qu'on traduit également par Italie réelle ou Italie royale suivant ceux à qui l'on parle), est dans ces idées. Il contribue beaucoup à éloigner le peuple des catholiques en les représentant comme les amis des riches et des égoïstes, comme se souciant peu des opprimés. Les enseignements du Souverain Pontife et l'attitude de Dom Albertario, rédacteur du journal de Milan (l'*Osservatore Cattolico*) condamné en mai dernier, ont donné un regain de popularité à notre cause. Ricciotti Garibaldi, fils du fameux aventurier, a déclaré publiquement que l'Italie ne serait sauvée que par une fédération de Républiques, avec le Pape comme président. Et comme on lui demandait pourquoi il était si contraire aux idées de son père, il a répondu : « Mon père aimait passionnément sa patrie, il n'a pas hésité de s'allier avec les démons pour la sauver. Moi aussi, j'aime ma patrie, et je n'hésiterai pas à m'allier avec les anges pour lui rendre la liberté. L'esprit nouveau souffle dans la Péninsule comme en France. L'alliance avec les modérés perdrait toutes les espérances, car ceux qui se targuent de modération et de prudence ne sont au fond que des Pharisiens prêts à trahir les causes les plus sacrées pour leurs mesquins intérêts du moment.

*
* *

A 11 h. 1/2 nous arrivons chez l'industriel de Turin qui nous a invités. Il a trois filatures de soie dans les environs. Nous avons trouvé là une charmante famille où l'union dans le respect et l'amour des parents forme une atmosphère de bonheur. Deux grands jeunes gens aussi bons démocrates qu'ardents catholiques, trois jeunes filles très intéressées de notre conversation, le père tout fier de nous recevoir, et la mère infirme depuis dix ans, mais conduisant toujours sa famille avec le tact et la noblesse qui sont le propre de la femme chrétienne. Elle est adorée de tous. Aussi quand j'ai porté sa santé, la félicitant de ses enfants qui sont sa gloire et sa récompense, l'industriel ému jusqu'aux larmes m'a embrassé avec effusion. A deux heures, deux voitures nous emportaient avec les jeunes gens, l'abbé Roussin et le marquis Invrea à la gare, où nous trouvons un envoyé des Salésiens qui avait fait viser nos billets, retiré les malles de la consigne et installé tous les bagages dans les compartiments. Les deux jeunes gens ont voulu nous conduire jusque près de Modane pour étudier ce qu'ils pourraient faire de suite. Nous avons fait le plan, et il est entendu qu'à mon retour en septembre nous irons installer les conseils d'usine dans les trois ateliers. De plus, nous ferons une petite réunion intime de patrons désireux de marcher. Enfin nous touchons Modane et nous saluons la patrie bien-aimée.

Tout à vous.

Léon HARMEL.

UNE JOURNÉE AU VAL DES BOIS

par Dom VERCESI

(Traduction d'un article de l'Osservatore Cattolico, journal de Milan).

L'esprit chrétien au Val. — Joie du retour. — Hommage d'affection au Bon Père. — Comment on aime le Pape au Val. — En famille. — Souvenirs aux prêtres prisonniers. — Heures trop rapides.

Il y avait longtemps que le Bon Père me prodiguait ses cordiales invitations pour venir visiter son petit royaume. J'avais toujours promis. mais pour une raison ou pour une autre j'avais dû différer mon voyage. Samedi dernier, 5 mars. appelé avec insistance par mon très courtois ami. je pris un billet pour Reims. et de là pour le Val-des-Bois. Je ne ferai pas la description des lieux. cela me mènerait trop loin ; je dirai seulement que je choisis bien mon voyage. le Bon Père venait justement de rentrer de Rome et on devait fêter son retour.

A sept heures du matin. la cloche de l'usine appelait les ouvriers et les ouvrières à la messe de Communion dans la chapelle de l'usine. D'un côté. tous les hommes, de l'autre, toutes les femmes. L'aumônier fait un sermon sur l'Evangile du dimanche, écouté avec une religieuse attention. Communions nombreuses. le Bon Père donne l'exemple.

Après la messe de Communion (c'est ainsi qu'on la désigne au Val-des-Bois). je suis Harmel qui me montre les ateliers. les machines à vapeur. et me donne toutes les explications que je lui demande. Nous visitons les écoles des garçons et des filles ; nous voyons défiler devant nous les Frères et les Sœurs ; tous nous saluent en souriant et serrent la main du Bon Père. qui est radieux. A dix heures, a lieu la grand'messe. Le Val-des-Bois compte 1.500 âmes; je ne sais pas si l'on va régulièrement à la messe comme dimanche dernier; il me semblait voir sur le visage de chacun une joie insolite et que quelque chose de nouveau allait se passer.

La messe est chantée par la masse populaire, les hommes alternant avec les femmes. C'est d'un grand effet. J'ai remarqué un fait qui serait très singulier chez nous. Après l'Evangile, deux enfants portent sur les épaules un grand panier rempli de pain coupé en petits morceaux, le prêtre le bénit, et ainsi bénit, il parcourt les fidèles qui le mangent sans scrupule. C'est un symbole qui, chez nous, est généralement passé de mode.

Une fois la messe finie, la foule des ouvriers attend le Bon Père devant la chapelle. Celui-ci arrive, il salue, embrasse, sourit, encourage. On ne pourra au moins pas dire que ce chrétien démocrate veut la lutte des classes. Ceux qui viennent le voir au Val en demeurent surpris. Une gaie fanfare entonne un hymne qui met en mouvement toute la foule : garçons, filles, hommes et femmes, de toute condition et de tout âge, se dirigent, au son de la musique, dans une grande salle où l'on doit souhaiter la bienvenue au Bon Père. Le Conseil intérieur s'avance et un membre, au nom de ses collègues, lit un fort touchant discours. « La foule de vos « enfants du Val se presse dans cette vaste salle, devenue « trop petite pour la contenir. »

Suit un hymne à la démocratie chrétienne. La maladie de Léon XIII y est traitée d'une façon touchante et remplie de naturel.

Le Bon Père descend de l'estrade et embrasse l'un après l'autre tous les membres du Conseil ; il remonte à sa place et, avec une simplicité charmante, il raconte jour par jour son voyage, ses espérances et ses craintes; en parlant de Léon XIII, il le fait avec un tel accent que le peuple l'interrompt par ses applaudissements.

On applaudit aussi le cardinal Rampolla et le directeur de l'*Osservatore Cattolico*, auquel plus de cinq cents personnes font une ovation émouvante, solennelle. On lui adresse aussitôt ce télégramme : « La corporation chrétienne du Val-

« des-Bois, réunie pour fêter le retour du Bon Père rentré
« de Rome, envoie l'assurance de toute sa solidarité et de son
« estime la plus sincère à l'apôtre de la Démocratie chré-
« tienne. » Léon Harmel, une fois les vigoureux applaudissements à Dom David Albertario terminés, parle de ses amis
de Turin, de Gênes, de Rome et autres, en termes remplis de
bienveillance et d'amour. J'ai devant moi les notes lithogra-
phiées, notes envoyées au jour le jour par Harmel à ses fils,
et j'y trouve une comparaison entre Murri, que le Bon Père
qualifie de *vaillant*, et l'abbé-député Lemire, entre Valenti,
du *Popolo Italiano*, et certains jeunes des plus fervents de la
Démocratie chrétienne française.

Une fois la narration détaillée du voyage terminée, la
musique nous conduit dans la grande salle du Cercle, où se
groupent plus de trois cents hommes. Je remarque, dominant
la salle, le portrait de Léon XIII, la photographie de Pottier
et des principaux démocrates de divers pays. Léon Harmel
passe là une demi-heure dans une véritable intimité avec ses
ouvriers, qu'il appelle ses enfants d'adoption.

Ensuite, le repas de famille, qui réunissait 42 convives :
les toasts furent ouverts par les jeunes petits-fils d'Harmel,
qui commencent de bonne heure à s'inspirer des exemples de
leur grand-père. Pour en donner une idée aux lecteurs de
l'*Osservatore*, voici un toast lu par le petit Robert, âgé
seulement de 10 ans :

« Je bois à la santé du Bon Père. Il nous semble que toutes
« les fois que la main bienfaisante de Léon XIII se lève sur
« vous, c'est pour verser dans vos veines la jeunesse, la
« force, l'espérance.

« Après avoir fait baptiser la Démocratie chrétienne par le
« successeur de Pierre, vous la présentez au monde comme
« le seul espoir de salut et de réforme. En dépit des prudents
« qui vous blâment et des réfractaires qui vous combattent,
« vous lui apportez, avec une abnégation superbe, vos
« énergies et votre intelligence, tout votre être. Votre foi
« indomptable la fait pénétrer dans les masses populaires,
« qu'elle vivifie et qu'elle enthousiasme. Le rameau d'olivier
« à la main, la Démocratie chrétienne s'avance sur le monde,

« conquérant et réunissant toutes les bonnes volontés, pré-
« parant le triomphe de la patrie française. C'est à ce
« triomphe que je bois en acclamant notre bien-aimé Bon
« Père. Christ et liberté. »

C'est une habitude de la famille de faire parler les enfants
à partir de 8 ans, et de mettre sur leurs lèvres l'expression
des sentiments qui devront plus tard faire battre leurs cœurs.

M. Félix, père du petit Robert, boit à la santé de notre
prisonnier (Dom Albertario), pour lequel il a trouvé des
accents émouvants.

Le Bon Père renchérit et, profitant de l'occasion de la
présence de quelques prêtres au banquet, il envoya un salut
respectueux au Collège Lombard, à Rome, duquel sont
sortis Albertario, Zocchi, Radini, et qu'il se plaît à visiter,
afin d'y puiser de nouvelles lumières et une nouvelle énergie.

Quelles belles heures, trop rapides, hélas ! A trois heures,
je devais quitter le Val-des-Bois pour me rendre à Paris, vers
sept heures, où un groupe de jeunes universitaires, écrivains
amateurs du *Sillon*, m'attendaient pour une amicale soirée.
Vous le savez, Bon Père, combien il en coûta à mon cœur de
vous quitter ; vous avez été bon jusqu'à vouloir m'accompa-
gner dans votre landau jusqu'à la gare d'une localité voisine,
où je devais prendre le train ; vous savez avec quelle joie je
serais resté avec vous jusqu'au lundi, pour avoir l'occasion
de me trouver avec le clergé des environs, qui se réunissait
pour traiter avec vous de questions sociales. Mais les télé-
grammes de Paris étaient inexorables et je dus partir. Même à
Paris, les noms de Léon Harmel et de Dom Albertario furent
mêlés. On y a aussi applaudi Léon XIII et l'avenir des deux
sœurs latines, la France et l'Italie.

Bon Père, je vous remercie des douces émotions que vous
m'avez procurées dans votre petit royaume ; en revenant, une
autre fois, je ne prendrai plus d'engagements ailleurs. Je
serai, moi aussi, l' « un de vos enfants ».

Paris, le 14 mars 1899.

Dom VERCESI.

TABLE DES MATIÈRES

Chambéry. — Imprimerie Générale de Savoie, 40, place Caffe.

* 9 7 8 2 0 1 2 7 8 2 0 6 8 *